Kohlhammer

Lindauer Beiträge zur Psychotherapie und Psychosomatik

Herausgegeben von Michael Ermann und Dorothea Huber

Michael Ermann, Prof. Dr. med. habil., ist Psychoanalytiker in Berlin und em. Professor für Psychotherapie und Psychosomatik an der Ludwig-Maximilians-Universität München.

Dorothea Huber, Professor Dr. med. Dr. phil., war bis 2018 Chefärztin der Klinik für Psychosomatische Medizin und Psychotherapie an der München Klinik. Sie ist Professorin an der Internationalen Psychoanalytischen Universität, IPU Berlin, und in der wissenschaftlichen Leitung der Lindauer Psychotherapiewochen tätig.

Eine Übersicht aller lieferbaren und im Buchhandel angekündigten Bände der Reihe finden Sie unter:

 https://shop.kohlhammer.de/lindauer-beitraege

Der Autor

Hansjörg Znoj, Prof. em. Dr., war bis 2021 Mitdirektor am Institut für Psychologie und Leiter der Abteilung Gesundheitspsychologie und Verhaltensmedizin an der Universität Bern.

Hansjörg Znoj

Trauer und Trauerbewältigung

Psychologische Konzepte im Wandel

2., aktualisierte Auflage

Verlag W. Kohlhammer

Dieses Werk einschließlich aller seiner Teile ist urheberrechtlich geschützt. Jede Verwendung außerhalb der engen Grenzen des Urheberrechts ist ohne Zustimmung des Verlags unzulässig und strafbar. Das gilt insbesondere für Vervielfältigungen, Übersetzungen, Mikroverfilmungen und für die Einspeicherung und Verarbeitung in elektronischen Systemen.

Pharmakologische Daten verändern sich ständig. Verlag und Autoren tragen dafür Sorge, dass alle gemachten Angaben dem derzeitigen Wissensstand entsprechen. Eine Haftung hierfür kann jedoch nicht übernommen werden. Es empfiehlt sich, die Angaben anhand des Beipackzettels und der entsprechenden Fachinformationen zu überprüfen. Aufgrund der Auswahl häufig angewendeter Arzneimittel besteht kein Anspruch auf Vollständigkeit.

Die Wiedergabe von Warenbezeichnungen, Handelsnamen und sonstigen Kennzeichen in diesem Buch berechtigt nicht zu der Annahme, dass diese von jedermann frei benutzt werden dürfen. Vielmehr kann es sich auch dann um eingetragene Warenzeichen oder sonstige geschützte Kennzeichen handeln, wenn sie nicht eigens als solche gekennzeichnet sind.

Es konnten nicht alle Rechtsinhaber von Abbildungen ermittelt werden. Sollte dem Verlag gegenüber der Nachweis der Rechtsinhaberschaft geführt werden, wird das branchenübliche Honorar nachträglich gezahlt.

Dieses Werk enthält Hinweise/Links zu externen Websites Dritter, auf deren Inhalt der Verlag keinen Einfluss hat und die der Haftung der jeweiligen Seitenanbieter oder -betreiber unterliegen. Zum Zeitpunkt der Verlinkung wurden die externen Websites auf mögliche Rechtsverstöße überprüft und dabei keine Rechtsverletzung festgestellt. Ohne konkrete Hinweise auf eine solche Rechtsverletzung ist eine permanente inhaltliche Kontrolle der verlinkten Seiten nicht zumutbar. Sollten jedoch Rechtsverletzungen bekannt werden, werden die betroffenen externen Links soweit möglich unverzüglich entfernt.

2., aktualisierte Auflage 2023

Alle Rechte vorbehalten
© W. Kohlhammer GmbH, Stuttgart
Gesamtherstellung: W. Kohlhammer GmbH, Heßbrühlstr. 69, 70565 Stuttgart
produktsicherheit@kohlhammer.de

Print:
ISBN 978-3-17-038370-8

E-Book-Formate:
pdf: ISBN 978-3-17-038371-5
epub: ISBN 978-3-17-038372-2

Inhalt

Einleitung 7

1. Vorlesung
Begriffsklärung 11
    Gefühlsäußerungen 13
    Emotionale, kognitive und physiologische Reaktionen 15
    Modelle der Trauer 18

2. Vorlesung
Wer trauert wie, weshalb, worum? 32
    Mythen bezüglich der Trauer 33
    Wer trauert? 41
    Zur Dauer der Trauer 44

3. Vorlesung
Trauer als Problem 55
    Trauer als Problem 55
    Einfache vs. komplizierte Trauerreaktion: Trauer kann als »Modell« eines psychischen Traumas begriffen werden. ... 61

4. Vorlesung
Zur Wirksamkeit therapeutischer Vorgehensweisen 75
    Therapie der (komplizierten oder anhaltenden) Trauerreaktion 76
    Vorläufiges Fazit für die Praxis 82
    Suchen (kompliziert) Trauernde psychotherapeutische Hilfe? 83

5. Vorlesung
Techniken, Fallkonzeption und Fazit **90**
    Therapeutische Modelle und Herangehensweisen 91
    Therapieplanung und Fallkonzeption 93
    Schlussgedanken 113

Literatur **116**

Stichwortverzeichnis **123**

Personenverzeichnis **126**

Einleitung

Oftmals empfinden selbst »gestandene« Therapeuten eine Scheu, sich mit Trauer und Trauerprozessen auseinanderzusetzen. Diese Scheu, um nicht zu sagen Angst, hat viele Gründe, nicht zuletzt gesellschaftlich-kulturelle. Ist es nicht so, dass wir als Teil dieser Gesellschaft das Thema »Sterben, Tod, Verlassenwerden« nur ungern an uns heranlassen, weil wir damit Leiden und Hilflosigkeit verbinden? Gerade als Helfer sehen wir uns aufgerufen, Veränderungen zu erzielen, Hoffnung zu wecken, Wachstum zu fördern. Dem Tod und der Endgültigkeit gegenüber fühlen wir uns aber genauso machtlos und hilflos ausgesetzt wie unser Patient. Zudem ist Trauer eine universale Erfahrung nach einem endgültigen Verlust und fällt nicht in die Kategorie »gestörtes Verhalten«. Damit ist die Zuständigkeit verschwommen; gerne delegieren wir sie weiter. Zum Beispiel an Personen, die sich beruflich damit auseinandersetzen müssen wie Bestattungsunternehmen oder an die Kirche, weil diese sich aus Tradition mit dem Sterben und Tod beschäftigt und einen Trost spenden kann, über den wir Psychotherapeuten nicht verfügen. Wir arbeiten ja nicht mit dem Glauben, sondern mit zumeist wissenschaftlich abgesicherten Methoden, und wir wollen und können uns auch nicht auf die Frage einlassen, was nach dem Tod geschieht. Für uns ist der Tod endgültig, auch wenn wir selbst vielleicht insgeheim an ein Weiterleben nach dem Tod glauben mögen. Aber das ist privat und hat mit Psychotherapie nichts zu tun, wenn es auch immer wieder Bestrebungen gibt, diese »jenseitige« Dimension zu psychologisieren.[1] Trauer hat auch deshalb wenig »Sexappeal«, weil dem Trauernden mit dem Tod des geliebten Menschen Zukunft und Hoffnung stirbt. Wer sich aber mit Trauer länger auseinandersetzt, wird ein faszinierendes Gebiet

---

1 z. B. Pargament, 1997

vorfinden, ein riesiges Spektrum von möglichen Verhaltensweisen. Die Psychologie der Trauer hat in den vergangenen Jahren eine Menge an Erkenntnissen zutage gefördert und gleichzeitig vermeintliches Wissen als das entlarvt, was es ist: als Meinung über einen Gegenstand, die mit der Wirklichkeit wenig zu tun hat, aber mit Vorstellungen, kulturellen Überlieferungen und anekdotischen Beschreibungen eng verbunden ist.

Die Vorlesungsreihe – gehalten im Frühjahr 2008 in Lindau – gab mir die Gelegenheit, mich einem ausgesprochenen Fachpublikum zu stellen und zu versuchen, diesem mein erarbeitetes empirisches Wissen zu vermitteln; Wissen aus Forschungsprojekten, das in vielen Publikationen in den letzten Jahren zunehmend Eingang findet und sogar eigene wissenschaftliche Zeitschriften hervorgebracht hat. Diese Erkenntnisse sind notwendig, damit hilfesuchende Personen fachlich eine adäquate Behandlung erhalten können und Institutionen, die mit dem Thema oft konfrontiert werden, die dafür notwendigen Informationen bekommen. Es war und ist mir wichtig, dass dieses empirisch begründete Wissen rezipiert wird. Nicht weil ich Therapeuten grundsätzlich nicht zutraue, sich ein eigenes Urteil zu bilden, sondern weil ich immer wieder die Erfahrung mache, dass dieses Wissen in der Psychotherapieausbildung ein stiefmütterliches Dasein genießt, unter anderem aus Gründen, die ich weiter oben erwähnt habe, zum anderen aber auch deshalb, weil es für den Zustand, den wir als »Trauer« bezeichnen, kaum eine als nennenswert zu bezeichnende Diagnostik gibt. Dies hat sich in der Zwischenzeit geändert. Im DSM (Diagnostic and Statistical Manual of Mental Disorders) der APA (American Psychiatric Association) gibt es neu die Forschungsdiagnose »Störung durch anhaltende komplexe Trauerreaktion« und auch im ICD-11 der WHO wird die Diagnose »Anhaltende Trauerstörung« eingeführt. Die Diagnose ist aber nicht unumstritten. Kriterien, wann die Trauer zum Problem wird und wann Trauernden professionelle Hilfe angeboten werden soll, wurden in den letzten Jahren seit der ersten Auflage dieses Buches untersucht und es existieren Manuale für das therapeutische Vorgehen. Die Abgrenzung zur »normalen« Trauer ist aber immer noch schwierig und oft ist eine anhaltende Trauer von anderen gleichzeitig auftretenden psychischen Problemen begleitet. Neben der Trauer beinhaltet der Titel der Vorlesungsreihe auch den Begriff der Melancholie. Das Wort selbst leitet sich vom griechischen Begriff »Melancholia« (»schwarze Galle«) ab und bezeichnet einen seelischen Zustand von Schwermut oder Traurigkeit, der in der Regel auf keinen bestimmten Auslöser oder Anlass zurückgeht. Umgangssprachlich ist die Melancholie nicht nur negativ besetzt; sie wird in Philosophie, Medizin, Psychologie, Theologie und Kunst unterschiedlich behandelt und bewertet. In Bezug auf das Krankheitsbild wurde der Begriff Melancholie des 20. Jahrhunderts weitgehend durch den der Depression ersetzt. Die Unterschiede zwischen Trauer und Melancholie wurden bereits von Freud (1917) betont; allerdings möchte ich in diesem Band nicht nur auf die Unterschiede von Trauer zur Depression eingehen, sondern die Differentialdiagnostik allgemeiner behandeln und v. a. auf die Frage eingehen, welche Folgen der Verlust eines geliebten Menschen langfristig haben kann.

Aufbau des Buches

Der Aufbau des Buchs folgt weitgehend der Gliederung und damit den einzelnen Tagen der Vorlesungsreihe, die vom Montag bis zum Freitag gehalten wurde. Die einzelnen Kapitel bauen aufeinander auf, widmen sich aber auch immer einzelnen großen Themen, wie etwa der allgemeinen Trauer in der Vorlesung am ersten Tag oder der eigentlichen Therapie von anhaltender oder auch komplizierter Trauer in der letzten Vorlesung am fünften Tag. Die einzelnen Themen können jedoch ebenfalls für sich allein gelesen werden. Einigen Lesern werden die Kapitel zu den Studienergebnissen vielleicht weniger interessant oder zu technisch erscheinen; diese Teile dürfen ohne Schaden für das Verständnis übersprungen werden.

An dieser Stelle möchte ich nochmals den Veranstaltern dieses bedeutenden jährlichen Anlasses und auch dem Herausgeber dieser Reihe für die Gelegenheit danken, meine Gedanken zur Trauer so ausführlich darstellen zu dürfen. Mein Dank gilt auch zahlreichen Mitarbeitern, die mir erst ermöglicht haben, selbst Studien zu diesem wichtigen Thema durchführen zu können, und die mir durch ihren Einsatz geholfen haben, viele Zusammenhänge zu klären; Fakten und Zusammenhänge, die hoffentlich jetzt auch anderen Menschen, Trauernden und nicht aktuell Trauernden vermittelt werden können.

Bern, im Juni 2022   Hansjörg Znoj

1. Vorlesung
Begriffsklärung

Was ist eigentlich Trauer, was verstehen wir darunter? Zunächst einmal scheint es klar zu sein: Wir sind traurig, weil wir einen geliebten Menschen verloren haben, weil wir ein Ziel nicht erreichen konnten oder weil uns der Grund unseres Daseins abhanden gekommen ist. Trauer ist mit ganz bestimmten Gefühlslagen assoziiert, mit Weinen und dem seelischen Zustand der Verzweiflung. Trauer ist auch universal, sie ist allen Völkern als Zustand bekannt – nicht zuletzt bestätigen dies Untersuchungen, die vor Jahren von Klaus Scherer und Mitarbeitern[2] in Indonesien (Papua Neuguinea) durchgeführt wurden und die kulturrelativistische Auffassung widerlegt haben, dass die Interpretation von emotionalem Ausdruck rein kulturell überliefert ist. Lachen und Weinen stellen, wie die Ärgerreaktion auch, grundlegende und genetisch weitgehend festgelegte Kommunikationsmuster dar, wie sie nicht nur der Mensch kennt, sondern wie sie auch vielen sozialen Tieren zu eigen sind; dies stellte schon Darwin[3] in seinem Buch »Expression of the Emotions in Man and Animal« fest. Doch würde eine Abhandlung der Trauer zu kurz greifen, würde nur der Ausdruck von Trauer und Verlust beschrieben werden. Der Zustand der Trauer umfasst mehr. Er beschränkt sich nicht nur auf den Einzelnen, sondern umschreibt auch den Zustand ganzer sozialer Verbände und größerer Gemeinschaften. In Trauer zu sein bedeutet nicht nur und ausschließlich, dass wir uns in einem besonderen emotionalen Zustand befinden, sondern dieser Umstand zieht auch besondere Organisationsformen des sozialen Zusammenseins nach sich. In der Trauer um einen geliebten oder besonders wichtigen Vertreter eines sozialen Gemeinwesens versuchen sich die Mit-

---

2 Scherer & Wallbott, 1994
3 Darwin, 1872

glieder gegenseitig zu versichern, dass sie stark genug sind, das Leben ohne diese Person zu bewältigen. Auch geht es darum, dem verstorbenen Menschen die entsprechende Ehre zu erweisen und ihm oder ihr – dem jeweiligen Status entsprechend – ein Denkmal zu setzen. Mit entsprechenden Ritualen bemühen sich die Menschen, das kollektive Gedächtnis an die verstorbene Person zu erhalten und gleichzeitig ihr eigenes Leben nach dem verstorbenen Menschen auszurichten und an ihm zu messen. Dies geschieht in unterschiedlichen Kulturen auf ganz verschiedene Art und Weise. Kulturanthroposophen haben solche Rituale beschrieben;[4] generell lässt sich kulturanthropologisch die Trauerreaktion in vier Rubriken einteilen: 1) die soziale Bedeutung des Todes; 2) die Beziehung zwischen der verstorbenen Person und den Überlebenden; 3) die Bedeutung der Art und Weise, wie es zum Tod gekommen ist und 4) die Beschaffenheit des sozialen Netzes, welches den Trauernden zur Verfügung steht. Es lässt sich nun zeigen, dass Trauerformen innerhalb dieser großen Rubriken sehr unterschiedlich ausfallen können und wir keinesfalls von denselben individuellen Erfahrungen sprechen können, wenn zum Beispiel ein Seemann in einem irischen Fischerdorf in der Blüte seiner Jahre sein nasses Grab findet oder wenn in den Bergen in Peru ein »cargo de las animas« zu Ehren eines verstorbenen Elternteils stattfindet. In kleinen, fragilen Gesellschaften kann der Tod eines wichtigen Mitglieds eine Krise auslösen, weil das Überleben der Gruppe insgesamt bedroht ist; in stabilen und mächtigen Gemeinschaften sind es manchmal nur die emotional direkt Betroffenen, die durch den Verlust in eine persönliche Krise geraten. Es steht außer Frage, dass die Erfahrungen von Verlust mit zunehmendem Alter vertraut sind, und es sind nicht nur die endgültigen Verluste durch den Tod von Angehörigen und Freunden, sondern auch Trennungen und die manchmal notwendige Aufgabe von Lebenszielen, die diese Erfahrung prägen.

Wie kann es aber sein, dass eine universale Erfahrung des Menschen, die sogar ein eigenes emotionales Ausdrucksverhalten kennt, so unterschiedliche Rituale und Formen annimmt? Die Ureinwohner von Nevada, die Hopi, trauern offiziell drei Tage, verbrennen dann die Hinterlassenschaft der verstorbenen Person und nehmen in der Folge ihr Leben in der Ge-

---

4   z. B. Platt & Persico, 1992

meinschaft wieder auf; in Indonesien, bei den Batak, werden umgekehrt die Ahnen schon in hohem Alter geehrt und mit einem Fest von den Angehörigen verabschiedet. Dasselbe wiederholt sich, in verkleinertem Maßstab, wenn der Angehörige stirbt und viele Jahre danach nochmals eine Versammlung der Kerngemeinschaft stattfindet, um den Ahnen zu ehren. Es existieren Formen, bei denen die Überlebenden mit den Ahnen koexistieren, sie um Rat und Hilfe fragen, und es gibt Kulturen, in welchen solche Ahnenkulte als morbid und unpassend empfunden werden. In sogenannten aufgeklärten, westlichen Kulturen existieren viele Trauerformen nebeneinander, und es lässt sich nicht mit Bestimmtheit sagen, welcher Umgang »gesund« oder eben »nicht normal« ist. Nicht einmal die Dauer der Trauerreaktion unterliegt einheitlich einem Konsens; es gibt Hinweise dafür, dass diese individuell teilweise sehr viel länger dauert, als dies in weiten Teilen der Gesellschaft als »normal« betrachtet wird.

Gefühlsäußerungen

Der Verlust einer geliebten Person (eines geliebten Objektes) wird emotional erlebt; das Weinen als typische Reaktion auf Verlust wurde empirisch als häufigste Reaktion gefunden[5]. Aber Weinen und Traurig-Sein ist bei weitem nicht die einzige emotionale Reaktion. Häufig sehen wir Angst, Ärger und Wut. Nicht selten ist jemand in Trauer gar nicht fähig, sich emotional auszudrücken oder Gefühle zu erleben: Die trauernde Person fühlt sich abgeschnitten von der Welt, hat keinen Zugang mehr zu sich selbst (oder anderen) oder ist emotional überschwemmt, so dass es zu keiner klaren Gefühlsäußerung kommt. Es gibt in unserer Gesellschaft geschlechtsspezifische Vorschriften, wie und wann Gefühle ausgedrückt werden können. Diese von Ekman[6] als »display rules« bezeichneten Regeln kommen in der Trauer besonders zur Geltung. Männer in der westlichen

---
5 Scherer & Tannenbaum, 1986
6 Ekman, z. B. 1994

Gesellschaft dürfen ihre Gefühle nicht so stark ausdrücken wie Frauen, obwohl diese Regel in letzter Zeit eher wieder abgeschwächt wird; Gefühle können, wenn sie von Männern geäußert werden, besonders appellativ wirken, gerade weil sie selten öffentlich kundgetan werden[7]. Damit sind auch manipulative Strategien angesprochen. Gefühle werden reguliert, um bestimmte zwischenmenschliche Ziele zu erreichen. Diese manipulative Seite der Gefühlsregulation kommt im Werbeverhalten oder in Situationen vor, in denen andere getäuscht werden müssen, etwa beim Kartenspiel oder bei Geschäftsabschlüssen.

Abb. 1: In der blauen Periode (1901–1905) verarbeitet Pablo Picasso seine Einsamkeit, zu der Zeit als er in Paris lebt. Sein Bild mit dem Namen »Femme aux bras croisés« ist aus Richardson: A Life of Picasso, 1881–1906, Vol. 1, New York, 1991, S. 217, entnommen (© Succession Picasso/VG Bild-Kunst, Bonn 2023).

Trauer kann – wie andere Gefühlszustände – vorgetäuscht bzw. vorgespielt werden, sei es um damit gegenüber anderen Mitgliedern der Gesellschaft

---

7 Williams & Morris, 1996

eine besondere Rolle einzunehmen, sei es um besonders viel Unterstützung zu erhalten. Andererseits wird die Trauer oder vielleicht besser der Zustand der Melancholie als schöpferische Quelle betrachtet. Picasso beispielsweise war besessen von der Idee, dass Kunst aus Trauer und Verzweiflung entsteht, Traurigkeit in sich zu Meditation führt und die Trauer die Basis zum Leben darstellt.[8] Abbildung 1 gibt ein Bild der »blauen Phase« wieder.

Emotionale, kognitive und physiologische Reaktionen

Trauer wird als Schmerz erlebt

Um die Trauer zu verstehen, hilft es, diejenigen Menschen zu befragen, die akut unter den massivsten Verlusten leiden, die überhaupt vorstellbar sind. Ein eigenes Kind zu verlieren, ein Kind, das man herbeigesehnt hat, dessen allmähliche Menschwerdung man gespannt und mit Vorfreude verfolgt hat, dessen Geburt man erlitten und erduldet hat, mit dessen erstem Lachen man zum glückseligsten Menschen auf Erden wurde, dieses Kind zu verlieren durch Krankheit, Unfall oder gar durch einen Suizid ist wohl eines der schwersten Schicksale, die man überhaupt ertragen kann. Die Worte, die verwaiste Eltern finden, sind denn auch geprägt von einer tiefen Erschütterung. Einige dieser Aussagen sind hier festgehalten:

> *»Ein Teil in mir ist gestorben. Ich werde den Verlust das ganze Leben mit mir herumtragen.«;*
> *»Für mich ist es, als hätte man mir ein Stück aus meinem Herzen herausgerissen.«;*
> *»Andere (Bekannte) bekamen Kinder, und ich brachte es nicht einmal fertig, in einen Kinderwagen zu schauen.«;*

---

8 Richardson, 1991

1. Vorlesung Begriffsklärung

> *»Es ist Wahnsinn.«;*
> *»Ich habe viel weniger Vertrauen in die Menschheit.«;*
> *»Ich bin enttäuscht von mir, habe Schuldgefühle.«;*
> *»Erlebe vor allem Hass und keinen Glauben«;*
> *»Ich war erleichtert, als A. starb. Ich habe gewusst, dass sie bei Gott in guten Händen ist.«;*
> *»Trauer, Wut und Zorn auf mich, die Ärzte und alle Beteiligten, dass ihm nicht mehr geholfen werden kann – in der ersten Zeit fiel ich total aus dem gewohnten Rhythmus heraus – Erleichterung, dass seine Qualen, Schmerzen und Leiden ein Ende haben.«.*

Diese Aussagen stammen aus einer Untersuchung, die ich vor einiger Zeit gemeinsam mit Studierenden durchgeführt habe. Die befragten Eltern waren auch Jahre nach dem Verlust noch tief geprägt von dieser Erfahrung; auf einzelne Ergebnisse der Untersuchung werde ich später zurückkommen, hier möchte ich aber auf diese Aussagen eingehen, weil sie erstens typisch sind und weil sie zweitens die Erfahrung der Trauer in ihrer Körperlichkeit erfahrbar machen. Ja, Trauer wird als Schmerz erlebt. Als eine seelisch-körperliche Traumatisierung, die nicht Halt macht beim Gefühl, sondern viel tiefer reicht, bis hin zum eigentlichen körperlichen Schmerz, der ähnlich erlebt wird wie eine massive Verletzung der körperlichen Integrität, wie eine Amputation eines Körperteils. Und ähnlich dem körperlichen Schmerz ist er Außenstehenden nicht vermittelbar, er äußert sich mitunter nicht einmal in klaren Anzeichen, sondern zieht einen mit seiner Wucht in den Bann, in eine eigene Wirklichkeit, die mit der Realität, wie sie einem sonst so bekannt vorkam, wenig gemein hat. Der Schmerz ist mitunter nicht einmal mehr fassbar, er entzieht sich klärenden Begriffen und Konzepten; Trauer wird dann als »Wahnsinn« erlebt, als Zustand außerhalb der gewohnten Ordnung. Isoliert von der übrigen Welt sieht sich der Trauernde mit einer Wirklichkeit konfrontiert, die so nicht bekannt ist und instinktiv abgelehnt wird. Die Wirklichkeit erscheint albtraumhaft, Dinge werden in ihrer Bedeutung verrückt und bisher fest Gedachtes, Geglaubtes wird als Tand von wenig Wert erlebt. Nicht selten kommt es zu einer Auflehnung gegen diese feindliche Wirklichkeit, zum Ablehnen dieser Erfahrung; damit verbunden ist die Hoffnung auf eine »Umkehr« dieser Erfahrung, auf das Rückgängig-Machen der Zeit und die immer wiederkehrende Resignation und Verzweiflung bei der Vergegenwärtigung des Verlustes. Diese Grenzerfahrung lässt sich nicht mitteilen, schon aus Angst, für verrückt erklärt zu werden, oder aus der realen Erfahrung heraus, dass die Last der Trauer andere zurückweichen lässt. Große Trauer stigmatisiert und isoliert.

Der Verlust ist zudem mit einer Verschlechterung der körperlichen Gesundheit verbunden, die sich durch das Auftreten von Symptomen und Krankheiten und die Inanspruchnahme medizinischer Leistungen zeigt. Stroebe, Schut und Stroebe[9] fassten die Risiken des Todes des Ehepartners zusammen und wiesen auf ein erhöhtes Sterberisiko hin, Es gibt auch einen klaren Zusammenhang zwischen anhaltender Trauer und Ernährungsrisiken und unfreiwilligem Gewichtsverlust, schlechtem Schlaf, Rauchen, erhöhtem Alkoholkonsum und Alkoholabhängigkeit, chronischen Schmerzen, Entzündungen und kardiovaskulären Risiken[10].

Kognitiv: Schuld und Sühne

Es lässt sich nicht leugnen, dass viele Trauernde nicht nur mit den eigenen Zuständen, Gefühlen und Schmerzen zu kämpfen haben, sondern auch mit ihren Gedanken. Inwieweit habe ich das Menschenmögliche getan, den Verlust zu verhindern? Inwieweit habe ich durch mein vielleicht amoralisches oder eigennütziges Verhalten dazu beigetragen, dass der geliebte Partner sich von mir getrennt hat; inwieweit trage ich Schuld an dem, was geschehen ist? Zu leicht nur versucht der »moderne« Mensch, sich von dieser Schuld zu befreien. Der Trauernde aber weiß, dass er sich nicht davon befreien kann, so irrational ihm selbst seine Gedanken und Gefühle in lichten Momenten erscheinen mögen. Enttäuschung mit sich selbst, aber auch Wut und Zorn gegenüber denjenigen, die vielleicht ebenfalls Schuld am Tod, am Verlust tragen, lassen viele Trauernde an sich und an der Welt verzweifeln. Je tiefer der Schmerz und je tiefer die gefühlte Verantwortung gegenüber der verstorbenen Person empfunden wird, desto größer ist das Gefühl, versagt zu haben, nicht genug getan, nicht

---

9 Stroebe, Schut & Stroebe, 2007
10 Ennis & Majid, 2019; Parisi, Sharma, Howard, & Wilson, 2019

genug geliebt zu haben, nicht genug wert zu sein. Da kommt schon der Gedanke auf, den Verlust »sühnen« zu müssen, sich selbst zu bestrafen oder mindestens fortan in der Welt Gutes zu tun, um zumindest ein bisschen etwas von der Schuld abzutragen. Vielleicht sind das typisch »westliche« Kognitionen und Vorstellungen, geprägt vom christlich-judäischen Weltbild, das die meisten von uns immer noch irgendwie in sich tragen, selbst wenn wir nicht explizit an diese Dinge glauben. Doch es kommt so oft vor und tritt an so vielen Stellen zutage, dass man nicht umhin kommt, diese Gedanken der Schuld mit der Erfahrung des endgültigen Verlustes zu verbinden. Die Rolle der Religionen muss an dieser Stelle erwähnt werden, wenn ich auch erst später darauf zurückkommen werde; nicht zuletzt stiften die großen Religionen mit ihren Erklärungen der Welt, die nicht mit dem Tod und seiner Erfahrung endet, einen Sinn genau dort, wo der Mensch seine absolute Sinnlosigkeit erfährt. Darauf, ob die Religion im Zusammenhang mit der Verlusterfahrung mehr nützt als schadet, gehe ich später ein.

An dieser Stelle möchte ich kurz die übergreifenden theoretischen Vorstellungen erläutern, auf die in der Literatur immer wieder Bezug genommen wird, allerdings oft, ohne explizit auf die theoretische Basis einzugehen.

Modelle der Trauer

Psychodynamische Modelle (Phasenmodelle)

Von Freud wurde als zentrale Aufgabe der Trauer die Ablösung der psychischen Energie von der verstorbenen Person postuliert. Freud schreibt[11]: »Trauer ist regelmässig die Reaktion auf den Verlust einer geliebten Person oder einer an ihre Stelle gerückten Abstraktion wie Vaterland, Freiheit, ein Ideal usw. Unter den nämlichen Einwirkungen zeigt sich bei manchen

---

11 Freud, 1917, S. 197

Personen, die wir darum unter den Verdacht einer krankhaften Disposition setzen, an Stelle der Trauer eine Melancholie.« Weiter sagt Freud, dass Trauer kein krankhafter Zustand ist, dass aber der Zustand der Trauer nur deshalb als nicht pathologisch erscheint, weil »wir es so gut zu erklären wissen«. Trauerarbeit ist schmerzlich, weil die Realitätsprüfung zeigt, dass das geliebte Objekt nicht mehr existiert und deshalb die Aufforderung (an das Ich) besteht, alle Libido aus ihren Verknüpfungen mit diesem Objekt abzuziehen. Die klassische Auffassung der Trauerarbeit besteht aus drei Phasen: a) dem Realisieren und Akzeptieren des Verlustes und dem Bewältigen der mit dem Verlust verbundenen Umstände, b) dem eigentlichen Trauern, welches mit dem Auflösen der emotionalen Bindung verbunden ist, und c) der Wiederaufnahme des emotionalen Lebens, was oft mit dem Eingehen einer neuen, engen Beziehung verbunden ist.

Die (emotionale) Energie, die den Trauernden mit der verstorbenen Person verbindet, muss nach dieser Auffassung »abgezogen« werden, damit sich das emotionale Erleben stabilisieren kann und die Rückkehr in das normale Leben gewährleistet ist. Der Verlust ist dann verarbeitet, wenn die emotionale Bindung zur verstorbenen Person aufgehört hat zu bestehen. Allein, das falle nicht leicht, weil der Mensch nicht gern seine »Libidoposition« verlassen würde, so dass sich in der Folge eine Abwendung von der Realität und ein Festhalten am Objekt bedingt durch eine halluzinatorische Wunschpsychose ergibt. Die ursprüngliche psychodynamische Auffassung erklärt also einerseits, wie es zu einer Trauerreaktion kommt (Verlust des geliebten Objektes), wie die richtige Trauerarbeit geschieht und wie es zu krankhaften Entwicklungen kommt. Das Problem an dieser Theorie ist nicht, dass sie phänomenologisch falsch wäre; die zugrundeliegende Instanzentheorie (Ich, Es, Überich) sowie die mangelnde empirische Evidenz von separat existierenden Phasen geben aber Anlass, die normativen Aussagen des Freud'schen Trauermodells zu hinterfragen. Ein weiteres Beispiel ist das Fünf-Stufen Modell nach Kübler-Ross[12]. Es postuliert fünf identifizierbare Stufen, die nicht unbedingt sequenziell, aber notwendig auftreten: 1) Verleugnung und Isolation – der Verlust wird verleugnet, nicht wahrgenommen, die Betroffenen ziehen sich zurück; 2) Ärger über das Schicksal, über sich selbst, über die verstorbene Person; 3)

---

12 Kübler-Ross, 1969

Verhandlungsphase – Trauernde versuchen, das Schicksal mit besonderem Verhalten gnädig zu stimmen bzw. den Verlust ungeschehen zu machen; 4) Depression – Verlust des Interesses, der Motivation, der Gefühle; 5) Akzeptanz des Geschehenen und damit Abschluss der Trauer.

Zweifellos erleben viele Trauernde Zustände, die solchen Phasen entsprechen. Die größte Schwäche der (psychodynamischen) Phasentheorien ist aber, dass sie Normen setzen und damit neben den Trauernden auch potenziell Helfenden falsche Vorstellungen über den Verlauf suggerieren. Darauf ist im Kapitel Mythen der Trauer zurückzukommen.

Bindungstheorie

Die Bindungstheorie übernimmt im Wesentlichen die psychodynamischen Ansichten, erweitert sie jedoch um einen entscheidenden Aspekt, indem die Trauerreaktion als universales Produkt einer biologisch determinierten Bindung betrachtet wird, welche nicht nur für Menschen Gültigkeit hat. Die Bindungstheorie beschreibt das Bedürfnis des Menschen, eine enge und von intensiven Gefühlen geprägte Beziehung zu Mitmenschen einzugehen. Ihr Gegenstand ist der Aufbau und die Veränderung enger Beziehungen im Laufe des Lebens. Sie geht vom Modell der Bindung der frühen Mutter-Kind-Beziehung aus. Kleinkinder sind in ihrem Verhalten mutiger, wenn sie sicher gebunden sind; d. h., wenn die Mutter (oder eine andere Bindungsfigur) dem Kind die emotionale Sicherheit vermittelt, dass sie nicht weggeht und immer da ist, wenn das Kind sie braucht. Unsicher gebundene Kinder haben diese Sicherheit nicht und verhalten sich ängstlicher und gegenüber der Bindungsfigur auch aggressiver im Vergleich zu sicher gebundenen. Der Begründer der Bindungstheorie John Bowlby orientierte sich zum einen an der psychodynamischen »Objekttheorie«, zum anderen war er bestrebt, diese wissenschaftlich zu begründen. Neben der wichtigen Beziehungsanalyse beschäftigte er sich auch mit der Frage, was passiert, wenn Menschen Bindungen aufgeben müssen, also mit der Trauer[13]. Bowlby war einer der ersten Forscher, welche das Bindungsverhalten als universale Eigenschaft sozialer Tiere erforschten. Es

---

13 Bowlby, 1980

liegen Befunde vor, welche Trauerverhalten bei Primaten belegen. So hat man bei Rhesus-Affen feststellen können, dass wichtige Neurotransmitter wie Katecholamine durch einen Verlust beeinflusst werden. In der Natur beobachtete Primatenkinder waren nach dem Tod ihrer Mutter emotional und motivational extrem beeinträchtigt, und teilweise verstarben sie in der Folge. Der Verlust enger Bindungen stellt eine Gefährdung nicht nur der psychischen, sondern auch der physischen Gesundheit dar.

Biologische Perspektive

Wie bereits erwähnt, kann die Trauer als eine spezifische Reaktion auf einen emotionalen Verlust gesehen werden. Die Richtigkeit dieser Annahme wird ebenfalls durch Befunde aus der Primatenforschung gestützt. Soziale Wesen – wie es die Menschen sind – reagieren auf den Verlust eines nahestehenden anderen Wesens mit einer Trauerreaktion, welche universell und gleichzeitig kulturell überformt ist. Dies spricht für eine biologische Anlage der Trauerreaktion.[14] Die Trauerreaktion löst bei vielen sozialen Tieren (unter anderem beim Menschen) biologische Prozesse aus, die das Überleben gefährden. Beispiele dafür sind eine Schwächung des Immunsystems, vermehrte Ausschüttung von Stresshormonen (Corticosteroiden) und eine Verringerung der Samenproduktion beim männlichen Tier. Oft beobachtet werden auch Appetitverlust, Schlafstörungen, sozialer Rückzug und sogar absichtliche Selbstverletzungen. Aus einer evolutionären Perspektive sind diese Reaktionen wenig sinnvoll, weil sie das Überleben einer Spezies gefährden. Weshalb aber sind solche Verhaltensweisen nicht eliminiert worden? Es wird argumentiert, dass diese Reaktionen die Kosten für die Fähigkeit sozialer Tiere sind, enge Bindungen einzugehen, und es die Funktion der Trauer ist, soziale Bindungen auch dann aufrechtzuerhalten, wenn der Bindungspartner über längere Zeit abwesend ist. Dieser biologische Mechanismus erlaubt es, stabile Repräsentationen über wichtige Aspekte der Außenwelt zu behalten. Viele Tiere sind aber außerhalb sozialer Verbände nicht allein überlebensfähig – sie brauchen den sozialen Verband, die Familie oder die Sippe, um zu über-

---

14 McKinney, 1986

leben. Trauer wird unter der biologischen Perspektive folgerichtig als »Nebenwirkung« einer höchst adaptiven Eigenschaft gesehen, die es erlaubt, soziale Verbände aufrechtzuerhalten, auch wenn der Verband zeitlich und räumlich getrennt wird.

Aus diesen Überlegungen lässt sich schließen, dass die Stärke der Trauerreaktion in direkter Beziehung zum Verhältnis zur verstorbenen Person stehen muss. Tatsächlich bestimmt weniger die Todesart (Plötzlichkeit des Verlustes, traumatisierende Umstände), sondern die Beziehung zur verstorbenen Person die Trauerreaktion[15]. Dabei spielen biologische Gründe, insbesondere die Nachkommenschaft, die Weitergabe des Genpools, eine herausragende Rolle. Aus diesem Grund sind Partnerverluste oder die Verluste eigener Kinder besonders stark stressauslösend. Es finden sich Hinweise für eine direkte Relation zwischen der Schwere der Trauerreaktion beim Verlust eines Kindes und dem Wert der Reproduktivität, nicht aber für das Alter des Kindes.[16] Der Wert der Reproduktivität ergibt sich daraus, wie leicht oder schwer es ist, den Nachkommen oder den Sexualpartner zu ersetzen. Bei ungünstigen Reproduktionsbedingungen ist dieser Wert höher, zum Beispiel wenn die Mutter schon älter ist, oder allgemein, wenn die Bedingungen für ein weiteres Kind ungünstig sind. Zusammengefasst trägt das biologische Modell zum Verständnis der Trauerreaktion bei, indem es die Rolle der biologischen Faktoren gegenüber anderen Faktoren betont.

Das Stressmodell

Wie bisher schon verschiedentlich erwähnt, ist die Trauerreaktion mit viel Schmerz und Leid und manchmal mit negativen gesundheitlichen Folgen verbunden. Anders gesagt, der Verlust eines nahestehenden Menschen ist ein stressauslösendes Ereignis. Dass Trauer eine Stressreaktion darstellt, wird aber häufig übersehen. Der Tod einer geliebten Person wird kaum als Stress wahrgenommen, weil der Verlust die eigene Stressreaktion als pietätlos erscheinen lässt. Die Aussage einer Witwe, deren Mann einige Jahre

---

15 Cleiren, Diekstra, Kerhof & van der Wal, 1994
16 Archer, 2001

zuvor verstorben war, ist typisch für eine solche Auffassung: »Ich trauere nicht um mich, sondern um ihn, weil er so früh aus dem Leben gerissen wurde, weil er seine Kinder nicht mehr sehen kann, wie sie heranwachsen!« Diese Sichtweise kann unter Umständen verhindern, dass man die eigene Reaktion ernst nimmt, und sie kann manchmal zu einer groben Vernachlässigung der eigenen Grundbedürfnisse führen. Die Vernachlässigung zentraler Funktionen wiederum kann langfristig sowohl psychische wie somatische Probleme verursachen. Nach der Konsistenztheorie[17] ist das Erleben von Inkongruenz – darunter wird die Diskrepanz zwischen Grundbedürfnissen und ihrer Befriedigung in der Realität verstanden – die Hauptquelle psychischen Unwohlseins. In der Abbildung 2 ist dieses Modell in seinen Grundzügen abgebildet. Es beinhaltet vier Ebenen, die jeweils hierarchisch aufeinander bezogen sind. Die unterste Ebene ist uns die vertrauteste, sie bildet das Erleben und Verhalten ab, also alles, was den Menschen von außen sichtbar macht, enthält aber auch die Gefühle und das Denken, soweit es uns bewusst ist. Unser Verhalten, Denken und Fühlen ist weder zufällig noch rein von Reizen gesteuert, wie es uns die alte Verhaltenstherapie weismachen wollte, sondern es folgt dem, was wir an Erfahrungen und Wissen abgelegt haben, der geronnenen Zeit, in der wir gelebt haben.

Diese Erfahrungen haben eine motivationale Qualität: Wir sind bestärkt in den Dingen, die uns in der Vergangenheit schon gute Momente verschaffen konnten. Wir versuchen aber andererseits, auch Erfahrungen zu vermeiden, die wir einmal gemacht haben, weil sie uns unglücklich oder ängstlich gemacht oder Schmerzen bereitet haben. Dieses Erfahrungswissen nennen wir nach Grawe »motivationale Schemata« oder »motivationale Attraktoren«, weil sie uns dorthin lenken, wo wir hinwollen (Annäherungsattraktoren), oder uns von Zuständen weglotsen, die wir vermeiden möchten (Vermeidungsattraktoren). Darüber existiert eine weitere Ebene, die wohl weniger von Erfahrungswissen geprägt ist, als vielmehr biologisch weitgehend festgelegt ist: die Ebene der Grundbedürfnisse. Grawe nimmt in seinem Modell vier Grundbedürfnisse an. Diese Ebene reguliert und steuert den Organismus auf einer sehr tiefen, unbewussten Ebene und meldet der Verhaltens- und Planungsebene zurück, ob

---

17 Grawe, 1998

1. Vorlesung Begriffsklärung

Abb. 2: Das Konsistenzmodell nach Grawe umfasst vier Perspektivebenen des psychischen Funktionierens (nach Grawe, 1998). Die Ebene des Verhaltens und Erlebens, die Ebene der motivationalen Attraktoren (motivationale Schemata), Grundbedürfnisse und als »oberste« Ebene das Prinzip der Konsistenzerhaltung, welche das Gesamtsystem reguliert. Der Verlust einer geliebten Person bedeutet auch immer den Verlust einer bedürfnisbefriedigenden Quelle. Das Modell illustriert, wie durch einen solchen Verlust motivationale Attraktoren aktiviert werden, die normalerweise dazu dienen, durch bestimmtes, zielführendes Verhalten solche grundlegenden Bedürfnisse zu befriedigen. Gelingt dies nicht, wird das ganze psychische Geschehen destabilisiert.

ein Verhalten im Sinne der grundlegenden Bedürfnisse erfolgreich ist oder nicht. Aber das ist noch nicht die letzte oder oberste Ebene: Ganz oben in der Hierarchie ist die sogenannte Systemebene angesiedelt. Sie ist einzig dem Überleben des Gesamtorganismus verpflichtet. Sie kann auf jeder Stufe eingreifen und stellt so etwas wie einen übergeordneten systemimmanenten Regulator dar, der das Überleben des Organismus auch unter extrem feindlichen oder bedürfnisunfreundlichen Bedingungen gewährleistet. Da das System als Ganzes harmoniegesteuert ist – die verschiedenen Bedürfnisse und Verhaltensweisen müssen koordiniert und aufeinander abgestimmt werden –, strebt es als Ganzes Konsistenz an. Jeder Mangelzustand erzeugt auf dieser Ebene erst einmal ein Signal der Inkonsistenz: Etwas stimmt nicht! Erst einmal gerät das System in einen Zustand der erhöhten Erregtheit: Es muss etwas getan werden! Das System ist gestresst, sobald es ein starkes und andauerndes Inkonsistenzsignal entdeckt. Und es aktiviert sämtliche untergeordneten Systeme, insbesondere auch die Ebene des Verhaltens, Denkens und Fühlens. Dieser erhöhte Aktivierungsgrad erstreckt sich auf alle Organe und Systeme des Organismus, die diese Ebene betreffen. Stresshormone werden ausgeschüttet, und ein allgemeiner Zustand der Anspannung tritt ein, solange das Inkonsistenzsignal die oberste Systemebene alarmiert. Einzig die Bedürfnisebene kann dieses Signal stoppen! Sie ist adaptiv. Dies bedeutet, dass Bedürfnisse sich den Umweltbedingungen zumindest teilweise anpassen können; Mönche lernen beispielsweise, ihre Bedürfnisse nach einem Sexualpartner zu kompensieren oder auch andere Bedürfnisse zu minimieren, um einem »höheren« Bedürfnis nach absoluter Harmonie oder dem Eins-Sein mit Gott Platz zu schaffen.

Bezogen auf den Verlust einer engen Bezugsperson stellt die Wahrnehmung der Diskrepanz von den Grundbedürfnissen nach Bindung oder Sicherheit und der Wirklichkeit – die geliebte Person, welche für die Befriedigung solcher Bedürfnisse wichtig war, existiert nicht mehr – eine ständige Stressquelle dar. Die allmähliche Gewöhnung an die neue Wirklichkeit ohne die geliebte Person wird immer wieder durch Situationen, die in der Vergangenheit eng mit dieser Person verbunden waren, infrage gestellt; das können gemeinsam besuchte Orte sein, gemeinsame Bekannte oder eine durch bestimmte Gegenstände ausgelöste Sehnsucht. Das Akzeptieren des Verlustes stellt dabei schon einen ersten Schritt zur Anpassung dar. Es bedeutet, dass die Einsicht, dass man selbst betroffen ist und selbst am Tod oder Verlust leidet, die Voraussetzung für das »normale« Trauern darstellt. Das Stressmodell der Trauer erklärt einerseits, wie es während der Trauer zu Stressfolgen wie Schlaf- oder Appetitstörungen kommen kann. Andererseits können psychologisch problematische Entwicklungen der Trauer damit gut erläutert werden. Die Trauer selbst ist kein »krankhafter«, sondern ein äußerst stressiger Zustand; ein Verlust kann daher eine Reihe von psychopathologischen Entwicklungen anstoßen. Beispielsweise berichten viele Trauernde von Angstzuständen, die bis

1. Vorlesung Begriffsklärung

hin zu Panikattacken reichen können. Diese Panikattacken lassen sich leicht erklären: Der Verlust einer nahestehenden Person betrifft nicht nur das Bindungsbedürfnis, sondern zu großen Teilen auch das Bedürfnis nach Sicherheit. Wenn dieses Bedürfnis heftig verletzt wird, beispielsweise durch traumatische Ereignisse, so setzen in vielen Fällen Angst und Furcht als Reaktion ein. Panikattacken sind Furchtreaktionen ohne einen von außen ersichtlichen Auslöser – der Auslöser ist das erschütterte Weltbild, die zerstörte Sicherheit und die mitunter auf einmal ungewisse Zukunft. Trauer als Stressor erklärt einerseits die Ausschüttung entsprechender Stresshormone, und andererseits ergibt sich aus dieser Perspektive die Nähe zu anderen Stress- und Angststörungen wie der posttraumatischen Belastungsreaktion. Auch die Nähe der Trauer zur Depression wurde beschrieben; eine Depression kann als generalisierte Vermeidungsreaktion begriffen werden, in der alle zum Überleben notwendigen physiologischen und emotionalen Tendenzen zurückgehen und ein allgemeiner Rückzug vom sozialen Leben stattfindet. Die Komorbidität von Depression und traumatischen Trauerformen wird von vielen Autoren als extrem hoch benannt, z. B. in einer Übersichtsarbeit von Simon und Mitarbeitern[18] mit über 70 %.

Zusammenfassend erklärt das Stressmodell sehr gut, wie es zu pathologischen Entwicklungen kommen kann. Die Trauer kann als chronischer, den Organismus stark belastenden Stressor gesehen werden. Dies ist in der Abbildung 3 illustriert.

Durch Verlust eintretende massive Verletzungen solcher Wahrnehmungserwartungen tangieren nicht nur das Bindungsbedürfnis (Intimität), sondern auch das Bedürfnis nach Sicherheit und weitere fundamentale Bedürfnisse wie z. B. Lust und Exploration. Der Partner oder auch das Kind oder eine andere Bindungsperson garantierten durch ihre nur teilweise Anwesenheit diese Wahrnehmungserwartung (intermittiertes Lernen). Die Verletzung solcher Wahrnehmungserwartung stellt letztlich eine Verletzung der sogenannten »assumptive world« oder »angenommenen Wirklichkeit«[19] dar und entzieht der betroffenen Person existenzielle Sicherheit. Ein Verlust stellt, wie schon erläutert, eine sehr starke Inkonsis-

---

18 Simon et al., 2007
19 Janoff-Bulman, 1989

Trauer als Inkonsistenzquelle

```
Idealisierung oder      Erwartete         Aktuelle
"zu viel" Trauerarbeit  Wahrnehmung   ◄── Wahrnehmung ──►   Verminderung
                                          Zeit              der Diskrepanz
         │                                                         │
         ▼                                                         ▼
   Verstärkung           Diskrepanz = Inkongruenz            Reduktion der
   der Inkongruenz                                           Inkongruenz
         │                        ⇊                                │
         ▼                                                         ▼
   Komplizierung          gesteigerte neuronale              Allmähliche
   des Trauerprozesses          Aktivität                    Adaption
                                    ⇊

                        Aktivierung weiterer         ◄──┐
                        problematischer Schemata        │
                                    ⇊                   │
                                                        │
                        Inkonsistenz ----> Destabilisierung
```

Abb. 3: Trauer als Inkonistenz (nach Grawe, 1998). Nach der Inkonsistenztheorie von Grawe (1998) erzeugen mit Bedürfnissen inkompatible Wahrnehmungen eine erhöhte psychische Aktivität, die zur Destabilisierung des Systems führt.

tenzquelle dar. Daher passt dieses Modell hervorragend; die einzige Frage, die sich in diesem Zusammenhang stellt, ist, weshalb ein Verlust nicht viel öfter zu einer chronischen Stressreaktion führt. Die Antwort klingt vielleicht banal: Wir sind als Spezies darauf eingerichtet, den Verlust einer Bindungsperson relativ gut zu überstehen, weil solche Verluste letztlich normativ sind, d. h. zum Leben dazugehören. Wir sind sogar auf diesen spezifischen Stressor eingerichtet und antworten mit einer spezifischen Reaktion: mit Trauer.

Weil der Verlust sich immer wieder ins Bewusstsein schiebt, weil er im Alltag immer wieder von Neuem erlebt wird, erzeugt er im System ein starkes, persistierendes Inkonsistenzsignal, welches den Organismus in einen erhöhten Erregungszustand versetzt und ihn zu Handlungen anhält. Nur ein bedürfnisbefriedigendes Signal (Konsumation des Bedürfnisses) wäre in der Lage, diesen Erregungszustand zu unterbinden. Dieses bleibt jedoch aus, der Verlust ist nicht rückgängig zu machen; trostspendende

Gedanken können allenfalls kurzfristig beruhigend wirken. Dennoch ist unser Organismus so eingerichtet, dass auch bleibende Verluste verarbeitet werden können, d. h., es findet eine allmähliche Anpassung an die neue Wirklichkeit statt. Zu viel Trauer, die Weigerung, den Verlust als endgültig anzuerkennen, oder andere Handlungen und Haltungen, die in der Trauer nicht adaptiv sind, können das Inkongruenzsignal jedoch sogar noch verstärken. Auf solche die Verlustreaktion aufrecht erhaltende Mechanismen werde ich später zurückkommen, weil sie im Zusammenhang der komplizierten Trauer entscheidend sind. Hier möchte ich nur feststellen, dass der dauerhafte Erregungszustand fehlangepasste Verhaltensweisen auslösen kann, die letztlich dazu führen, dass sich eine psychische Störung entwickelt. Systemisch bedeutet eine psychische Störung immer eine Reduktion der Freiheitsgrade im Verhalten, in Kognition und Emotion. Diese Bindung der Verhaltensmöglichkeiten führt dazu, dass sich das erregte System wieder – zumindest zeitweise – stabilisieren kann und so die Funktionsfähigkeit des Organismus erhalten bleibt, wenn auch unter eingeschränkten Bedingungen.

Das Copingmodell

Im Copingmodell der Trauer spielt, wie der Name nahelegt, das Bewältigen der Trauer die Hauptrolle. Im Gegensatz zu den psychodynamisch orientierten Phasenmodellen, welche in der Regel die vollständige Auflösung der Bindung an die verstorbene Person fordern, existieren in unserem Kulturkreis Vorstellungen über eine Fortsetzung der Beziehung über den Tod hinaus. Das bedeutet aber keineswegs eine pathologische Form der Trauer, sondern ist weit verbreitet.[20] Unbestritten bleibt, dass das Bewältigen des Verlustes eine Aufgabe ist, welche sich den Trauernden stellt. Im Copingmodell wird generell zwischen emotionaler Bewältigung und Aufgabenorientierung unterschieden. Daneben werden problematische Verhaltensweisen und Strategien wie Vermeiden voneinander abgegrenzt.[21]

---

20 Stroebe, Gergen, Gergen & Stroebe, 1992
21 Zeidner & Endler, 1996

Einen zentralen Unterschied zu den bisher erwähnten Modellen stellt die Rolle der positiven Emotionen in der Trauer dar. Positive Gefühle stellen sich allgemein ein, wenn wir eine Aufgabe gut bewältigt haben oder wenn unsere Bedürfnisse gestillt werden. In der Trauer sind wichtige Grundbedürfnisse aber verletzt, und vor allem ist der Verlust nicht rückgängig zu machen. Negative Gefühle wie Traurigkeit, Verzweiflung, Hass oder Verbitterung sind deshalb zu erwarten und können auch festgestellt werden. Zur Überwindung der Trauer sind sie aber ungeeignet, sie schaffen nur noch mehr Stress. Positive Emotionen gegenüber der verstorbenen Person, das Erleben von neuen positiven Erfahrungen oder das Sich-Freuen-Können über kleine Dinge helfen, die Trauer zu verarbeiten und den Stress abzubauen. Diese Auffassung findet empirische Unterstützung unter anderem in den Arbeiten von Bonanno und Mitarbeitern sowie in den Arbeiten von Folkman[22]. Unterstrichen wird von diesen Autoren, dass die Rolle der positiven Gefühle nicht als Problem oder mangelnde Trauerarbeit betrachtet wird, sondern als Voraussetzung für eine gelungene Trauerarbeit!

Das von Stroebe und Shut[23] vorgeschlagene duale Prozessmodell der Trauer erlaubt nicht nur, zwei kulturelle Trauerformen (das Aufgeben jeder Beziehung und das Fortbestehen dieser über den Tod hinaus) gleichwertig zu behandeln, sondern identifiziert den Bewältigungsprozess. So haben Bonanno und Mitarbeiter einen langfristig positiven Zusammenhang zwischen dem verbalen Vermeiden emotional belastender Inhalte und der psychischen Gesundheit feststellen können.[24] Eine nähere Betrachtung des verbalen Vermeidens der untersuchten Trauernden zeigt, dass weniger das Vermeiden den entscheidenden Faktor für eine gute gesundheitliche Entwicklung darstellt, sondern das Zulassen positiver Gefühle.[25]

Trauernde, die in der Erinnerung an den verstorbenen Partner fähig sind, den Verlust nicht nur zu betrauern, sondern ihn auch als Chance für einen Neubeginn wahrzunehmen, verarbeiten den Verlust wesentlich

---

22 Folkman, 2001
23 Stroebe & Schut, 1999
24 Bonanno, Keltner, Holen & Horowitz, 1995; Bonanno et al., 1999
25 Bonanno & Keltner, 1997

1. Vorlesung Begriffsklärung

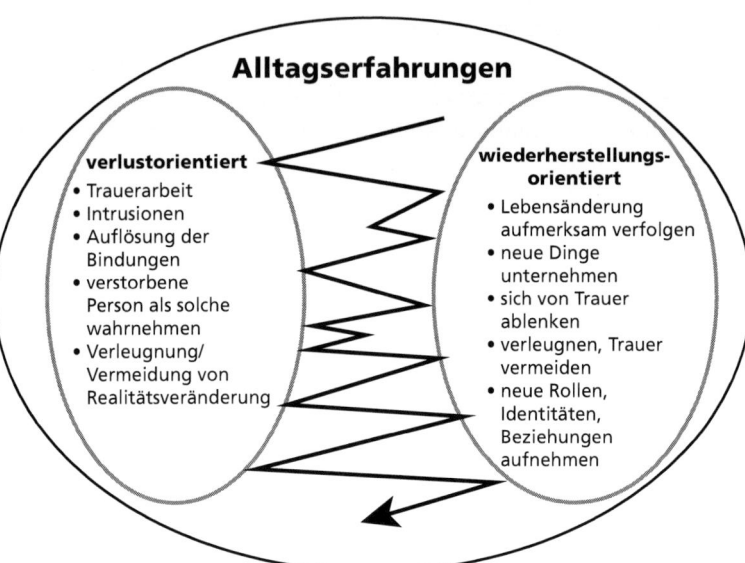

Abb. 4: Das duale Prozessmodell der Trauerbewältigung nach Stroebe und Schut (2001) (aus Znoj, 2016, S. 12). In dem Modell wird verdeutlicht, dass die Bewältigungsarbeit einerseits darauf gerichtet ist, den Verlust in das eigene Bedeutungssystem zu integrieren, andererseits darauf, sich den neuen Aufgaben zu stellen. Die Pfeile symbolisieren das Oszillieren zwischen diesen Polen.

besser, und es gelingt ihnen früher, sich auf ein Leben nach dem Verlust einzustellen. Dies ist ein enorm wichtiges Ergebnis, weil es mit der oft falsch verstandenen Grundannahme des »Durcharbeitens« der Trauer kontrastiert. Das Regulieren eigener Gefühle wurde bisweilen zu stark unter der Perspektive der Abwehr betrachtet. Andererseits hat das zu starke Vermeiden oft konträre und paradoxe Effekte. Das Unterdrücken von Gedanken unter kognitiver und emotionaler Belastung weist einen gegenteiligen Effekt auf – der zu verdrängende Inhalt drängt sich noch stärker ins Bewusstsein[26]. Übertragen auf die Trauersituation kann das bedeuten, dass Trauernde, die ausschließlich *nicht* an den Verlust denken wollen, diesen Gedanken und somit auch den entsprechenden Emotionen

---

26 siehe auch Wegner, Erber & Zanakos, 1993

umso mehr ausgesetzt sind. Schon Horowitz[27] betrachtet das Dosieren – also die Kontrolle über die in der Trauer ausgelösten stressreichen Emotionen – als wichtigen Schritt bezüglich der Integration eines Verlustes. Gelingt dies nicht, können diese Gefühle chronisch werden, der Struktur des Prozesses bei der Entstehung von Angststörungen nach Barlow[28] ähnlich. Im dualen Prozessmodell bekommt das graduelle Vermeiden eine positive Funktion: Trauernde sollen sich zwar emotional und gedanklich mit dem Verlust auseinandersetzen, sich aber gleichzeitig auch um konkrete Anforderungen aus der Umwelt kümmern. Daraus folgt als beste Strategie das Abwechseln zwischen der emotionalen Trauerarbeit und Aufgabenorientierung auf neue Lebensziele, wie aus Abbildung 4 ersichtlich wird.

Nach dem dualen Prozessmodell der Trauer hängt die erfolgreiche Adaption von einer gelungenen Balance von Trauerarbeit und aktiver Zuwendung zu neuen Aufgaben ab. Dauerndes (ruminatives) Beschäftigen mit dem Verlust kann zu einer Intensivierung der Trauerreaktion führen, zu starkes Vermeiden kann wiederum die langfristig erfolgreiche Adaption verhindern. Die meisten Trauernden berichten, sich gedanklich ständig mit der verstorbenen Person zu beschäftigen. Diese oft als zwanghaft empfundene Beschäftigung kann zu Vermeidungsverhalten führen, kann aber auch einen neuen Zugang zu sich selbst und zur verstorbenen Person ermöglichen. Ruminatives Verhalten wird deshalb von einigen Autoren sogar als notwendige Voraussetzung für einen adaptiven Prozess betrachtet.[29] Hier offenbart sich die feine Linie zwischen erfolgreichem Bewältigen der Trauer und dem Scheitern. Die exzessive Beschäftigung mit dem Verlust und zu viel »Trauerarbeit« stellen einen erheblichen Risikofaktor für eine pathologische Entwicklung dar.

---

27 Horowitz, 1986
28 Barlow, 1988
29 Calhoun, Cann, Tedeschi & McMillan, 2000

2. Vorlesung
Wer trauert wie, weshalb, worum?

In dieser Vorlesung möchte ich mich – im Gegensatz zur ersten Vorlesung – stärker mit der trauernden Person als mit abstrakten Modellen beschäftigen. Die Unruhe, die mit der Verzweiflung, den Gedanken und dem Schmerz einhergeht, verhindert oft die Fähigkeit, den Alltag mit seinen Anforderungen und Routinen zu meistern. Auch dauert die Trauer länger, als wir das vielleicht als Betroffene annehmen würden. Weshalb treten immer noch körperliche Reaktionen bei mir auf, sogar wenn der Verlust schon mehrere Jahre zurückliegt? Weshalb sehe ich oft Bilder oder habe Fantasien, die das Leben mit der verstorbenen Person zum Inhalt haben? Vielleicht habe ich als Trauernde(r) auch keine Lust, die Bindung oder Beziehung zur verstorbenen Person aufzugeben, oder ich habe sogar Angst davor, weil ich dann befürchte, die Erinnerung an den geliebten Menschen ebenfalls ganz zu verlieren!

So betrachtet, stehen mir als trauernder Person oder als Helfer Vorstellungen im Weg, die eine erfolgreiche Verarbeitung des Verlustes verhindern. Diese Vorstellungen sind meist nicht bewusst reflektiert, wirken jedoch auf unser Denken, Handeln und Fühlen ein, ohne uns Gelegenheit zu geben, sie auf ihren Wirklichkeitsgehalt zu überprüfen. Genau um diese Vorstellungen geht es zu Beginn der heutigen Vorlesung.

Mythen bezüglich der Trauer

Viele Bilder und Metaphern sollen die Kontinuität des Lebens und die Trauer als einen Teil des Sterbens und Werdens in der Natur versinnbildlichen. Dieses »Trauern« ist ein Mythos, der wenig Raum für individuelle Gefühle zulässt. Gesellschaftliche Rituale sollen helfen, individuelle Gefühle zu fassen und in sozial akzeptierte Bahnen zu lenken. Weder Betroffene noch potenziell Helfende (Familie, Freunde, Seelsorger, Ärzte oder Psychotherapeuten) sind vor solchen Vorstellungen gefeit. Gesellschaftliche Trauer, die im Verlust erlebten Gefühle und entsprechende psychische Zustände dürfen nicht gleichgesetzt werden. Das Erleben wird oft als diskrepant zu den eigenen Vorstellungen und den gesellschaftlich geforderten Zuständen erlebt. Ein Beispiel dafür wäre etwa die Vorstellung, sich verpflichtet zu fühlen, richtig zu trauern und als Beweis für echte Trauer dauernd zu weinen und sich entsprechend niedergeschlagen zu fühlen. Ein Fehlen dieser emotionalen Anzeichen wird dann gleich als das Fehlen von Trauer interpretiert, und entsprechend fühlt man sich selbst schlecht oder wird von anderen entsprechend bewertet: »Du trauerst nicht genug, also hast Du ihn nicht geliebt!« Existierende Normen beinhalten allerdings zeitliche und örtliche Beschränkungen von Traueräußerungen. So ist es nicht nur in Ordnung, sondern geradezu Norm, am Grab zu weinen, andererseits wird verlangt, dass der Trauernde gesellschaftlich funktioniert und die notwendigen vorgeschriebenen amtlichen Schritte unternimmt. Eine solche zeitliche Beschränkung kann vielen Trauernden entgegenkommen, allein schon deshalb, weil es physisch unmöglich ist, 24 Stunden am Tag ununterbrochen zu trauern; aber es fallen darunter weitere Beschränkungen, wie etwa die Norm, nach wenigen Tagen wieder am Arbeitsplatz erscheinen und die dort verlangten Leistungen erbringen zu müssen. Trauernde stehen immer in sozialen Verbänden, die Forderungen stellen. Eine Mutter, die um ihren verstorbenen Mann trauert, hat Kinder, welche ernährt und versorgt werden müssen sowie in ihrer Trauer gestützt werden sollen. Zusätzlich ist sie mit neuen Aufgaben konfrontiert, in die sie sich selbst erst einarbeiten muss. Neben den organisatorischen Dingen, welche unmittelbar mit dem Verlust zusammenhängen, stellen sich unter Umständen auch finanzielle Engpässe ein; etwaige Vorwürfe von Verwandten können zusätzliche Schwierigkeiten bedeuten. Diese Vielzahl von Anforderungen erlaubt oft gar nicht, sich der eigenen Gefühlslagen bewusst zu werden, geschweige denn, sich auf sich selbst zurückzubesinnen. Vielfach wird aber eine die Trauer einschränkende Situation als hilfreich wahrgenommen. Was sagen uns unsere kulturelle Mythen zu diesem Problem?

In zwei Übersichtsarbeiten untersuchten Wortman und Silver[30] die wichtigsten (oft irreführenden) Annahmen, die über die Bewältigung von Verlusten herrschen. Diese Annahmen sind im Folgenden aufgezählt.

Mythos Nr. 1: Nach einem Verlust folgt unvermeidlich eine hohe emotionale Belastung und eine Depression.

Es geht bei diesem Mythos um die Erwartung, dass ein großer Verlust gleichzeitig ein großes Ausmaß an Verzweiflung und Belastung hervorruft. Diese Erwartungshaltung setzt eine Norm: Wenn jemand keine deutlichen Anzeichen einer tiefen Verzweiflung zeigt oder spürt, so hat diese Person den Verstorbenen nicht genügend geliebt oder ist diesem nicht genügend verbunden gewesen. Wenn wir davon ausgehen, dass zum Zeitpunkt des Versterbens eines Ehepartners mindestens die Hälfte aller Ehen als glücklich empfunden wird, so müssten wir davon ausgehen, dass bei mindestens 50 % aller Trauernden Anzeichen einer solcher Verzweiflung feststellbar sind. Untersuchungen haben aber gezeigt, dass die Anzahl von Personen mit depressiven Symptomen (das sind in der Regel die Symptome, die mit hoher emotionaler Belastung verbunden sind) wesentlich geringer ist und nur gerade in der Anfangsphase, also unmittelbar nach dem Verlust, solche Anzeichen feststellbar sind. Schon nach wenigen Monaten reduziert sich die Belastung bei den meisten Menschen stark. Immerhin 20 % aller Trauernden zeigen aber noch zu diesem Zeitpunkt deutliche Anzeichen einer Depression.[31] Noch wichtiger als dieser Befund ist die Tatsache, dass sehr viele Trauernde nicht nur negative Gefühle wahrnehmen, sondern

---

30 Wortman & Silver, 2001; 1989
31 Wortman & Silver, 1989

auch von positiven Gefühle berichten.[32] Das Wahrnehmen positiver Gefühle ist dabei kein Zeichen von Verdrängung oder gar einer Freude, dass durch den Tod auf einmal viele Probleme gelöst worden wären, sondern deutet nur die erfolgreiche Anpassung an ein Leben ohne den geliebten Menschen an. Es ist im Übrigen eine Fehlannahme, wenn wir davon ausgehen, dass das Erleben eines Verlustes notwendigerweise die Fähigkeit zur Freude einschränkt. Die Einschränkung, Freude zu zeigen oder zu lachen, hat mehr mit kulturellen Normen zu tun als mit dem persönlichen Verlust. Trauernde, die auch positive Gefühle erleben können, kommen im Allgemeinen besser mit den negativen Emotionen zurecht!

Mythos Nr. 2: Das Erleben intensiver emotionaler Belastung stellt eine notwendige Voraussetzung für den Heilungsprozess dar.

Anders gesagt: Fehlt eine solche Reaktion, ist dies als Zeichen einer pathologischen Entwicklung zu werten. Sollte dieses Argument stimmen, so müsste man sehr vielen Trauernden eine äußerst fatale Diagnose stellen. Wie oben dargestellt, trauern viele Menschen nicht mit Anzeichen tiefer Verzweiflung, sondern gefasst und im Vollbesitz ihrer Kräfte. Sollten sich alle diese Menschen nur etwas vormachen? Müssen wir wirklich annehmen, dass es sich rächt, wenn wir nicht »richtig« trauern? Das Fehlen einer starken Trauerreaktion wird in unserer (westlichen) Kultur leicht mit einer »pathologischen« Entwicklung gleichgesetzt. Es wird davon ausgegangen, dass die Trauer zu einem späteren, meist unerwarteten Zeitpunkt auftaucht und dabei nicht selten mit problematischen oder gar pathologischen Verhaltensweisen verbunden ist. Man nimmt also an, dass der Trauerprozess in diesen Fällen gar nicht eingesetzt hat. Diese »abwesende« Trauer kann nach dieser Auffassung dann umso größeren Schaden anrichten als sie unbewusst agieren kann. In anderen Worten wird abwesende Trauer als pathologischer Prozess gedeutet, der nur durch gezielte Trauerarbeit unterbrochen werden kann. Auch hier hält der Mythos der Wirklichkeit nicht stand: In vielen Untersuchungen konnte kein einziger

---

32 Bonanno & Keltner, 1997

Fall einer solchen unerkannten oder »verspäteten« Trauer berichtet werden, auch in solchen nicht, in denen Trauernde über mehrere Jahre systematisch untersucht wurden[33]. Im Gegenteil erhärtet sich der Befund, dass anfänglich intensive Trauer auch noch nach zwei Jahren eine intensivere Trauer vorhersagt.

Mythos Nr. 3: Ein Verlust muss durchgearbeitet werden; die mit dem Verlust einhergehenden Veränderungen müssen emotional konfrontiert werden.

An sich spricht wenig gegen diese Annahme; es leuchtet ein, dass Veränderungen emotional reflektiert werden sollten. Was aber ist mit »Durcharbeiten« gemeint? In der Terminologie von Freud (von ihm stammt der Begriff) bedeutet es, dass man sich mit allen emotionalen Aspekten, die mit dem Verlust verbunden sind, bewusst auseinandersetzen muss. Wenn also Eltern ein Kind verloren haben, so könnte das bedeuten, dass sich Eltern darüber den Kopf zerbrechen sollten, ob der Tod des Kindes nicht hätte verhindert werden können, es könnte die Suche nach dem Sinn gemeint sein oder das ständige Sich-Beschäftigen mit dem Verlust in all seinen Aspekten, beispielsweise mit den gemeinsamen Zukunftsplänen, die jetzt nicht mehr realisiert werden können, mit dem Ordnen der Kleider, die nicht mehr benötigt werden, oder mit dem Betrachten der Spielsachen, die unbenützt bleiben. Je mehr sich solche Gedanken aber ausbreiten, desto größer wird die Verzweiflung, die Wut über den Verlust, die Ohnmacht gegenüber dem Schicksal. Und umso größer wird auch die Gefahr, dass die Trauer nicht »verarbeitet« wird, sondern sich ausdehnt und immer stärker wird. Verschiedene Untersuchungen haben in der Tat gezeigt, dass diese Art von »Bewältigen« keineswegs den Königsweg der Heilung darstellt, sondern mitunter sogar größere Belastungen nach sich zieht[34].

Das exzessive und zwanghafte Beschäftigen mit dem Verlust ist weniger Verarbeitung als Zeichen eines großen Schmerzes, und manchmal ist es in

---

33 z. B. Bonanno, Znoj, Siddique & Horowitz, 1999
34 Wortman & Silver, 2001

diesen Fällen besser, sich abzulenken und sich von quälenden Vorstellungen zu lösen. Eine Konfrontation ist therapeutisch nur in solchen Fällen indiziert, wenn es deutliche Anzeichen dafür gibt, dass jemand den Trauerschmerz ständig aktiv vermeidet oder wenn er oder sie sich Illusionen bezüglich der Endgültigkeit des Verlustes hingibt. In allen anderen Fällen ist ein zumindest zeitweises Pausieren vom Trauerschmerz der Verarbeitung des Verlustes förderlich.

Mythos Nr. 4: Nach erfolgter »Trauerarbeit« kommt es zu einer bleibenden Verbesserung des Zustandes und zu einer vollständigen Erholung des psychischen Befindens.

Nichts möchte man einem Trauernden mehr wünschen, als dass er oder sie nach einer gewissen Zeit zum »alten Ich« wiederfindet, zum glücklichen Zustand vor dem Verlust. Diesen Wunsch kann man verstehen und nachvollziehen. Allein, die Wirklichkeit ist eine andere. Die Welt ist nicht gleich geblieben, die Erfahrungen eines Verlustes lassen sich nicht ungeschehen machen, wie es vielleicht dem (kindlichen) Wunsch entspricht. Und es verhält sich auch nicht so, wie von Freud postuliert, dass es genügt, die »Libido« vom alten (verstorbenen) Objekt (Objekt steht bei Freud für Person) abzuziehen und sie in ein neues Objekt (neue Bezugsperson) zu investieren. Diese Annahme würde der Vorstellung entsprechen, zum alten Glückszustand zurückzufinden. Im Grunde genommen postuliert diese Annahme, dass Trauer eine Krankheit darstellt, von der man schnellstens wieder genesen sollte, damit das Leben seinen korrekten Verlauf nehmen kann.

Die Verarbeitung eines Verlustes ist aber keine Krankheit, sondern eine Aufgabe. Trauer als Aufgabe zu sehen impliziert, dass der Verlust akzeptiert und in die eigene Biographie eingebaut wird. Den Tod eines eigenen Kindes oder des Lebenspartners zu akzeptieren ist keineswegs eine leichte Aufgabe, und für viele Menschen kommt es auch nicht in Frage, diese Person zu ersetzen und damit den Verlust wieder auszugleichen, was ja eine rein biologische Sichtweise nahelegen würde. Im Gegenteil scheinen viele Menschen ein solches Ereignis als Teil ihrer eigenen Geschichte zu begreifen. Aus der Psychotraumatologie weiß man, dass traumatische Erlebnisse oftmals das Gefühl hinterlassen, dass die Welt »zerbrochen« ist. Die Verarbeitung des Traumas gelingt in vielen Fällen, aber um den Preis, dass das ursprüngliche grenzenlose Vertrauen geschwunden und das vielleicht naive Gefühl von »mir kann nichts passieren« einem wirklichkeitsnäheren, aber möglicherweise auch depressiverem Grundgefühl gewichen ist[35].

Mythos Nr. 5: Als Ergebnis erfolgreicher Trauerarbeit kann der Verlust nicht nur akzeptiert werden, sondern er bekommt auch eine Bedeutung für das eigene Leben.

Zweifellos stellt sich nach einem Verlust für viele Menschen die drängende Frage: Wofür ist das gut? Weshalb musste das geschehen? Warum gerade mir? Die Beantwortung dieser quälenden Fragen ist oft unmöglich. Der obige Mythos gibt aber eine Norm vor: Der oder die Trauernde muss eine Antwort auf genau diese Fragen finden; ist er oder sie dabei nicht erfolgreich, bleibt die Trauer ungelöst und die Trauerarbeit nicht abgeschlossen. Dieser Mythos kann für Betroffene bedeuten, dass sie sich unter Druck setzen und versuchen, Menschen, die ihnen helfen wollen, (vorschnelle) Antworten zu geben. Wichtig ist hier, dass schon die Frage falsch gestellt ist, respektive die Vorstellung falsch ist, dass eine Antwort gefunden werden *muss*. Sicher ist es unbefriedigend, wenn wir keine Antworten finden. Fragen unbeantwortet zu lassen, finden viele nicht richtig, und dies treibt sie zum Handeln an: Wissenschaftler suchen nach Fakten und Erklärungen, Ingenieure suchen Lösungen für ungelöste technische Probleme, und Lehrer sind dafür da, dass wir für bestimmte Grundfragen eine (scheinbare) Gewissheit vermittelt bekommen.

Auf die Frage der eigenen Existenz bezogen, die sich mit dem Verlust von nahen Angehörigen mit einem Mal unmittelbar drängend stellt, auf die Frage nach dem Woher und Wohin, gibt es aber keine einfache und klare Antwort. Und es ist auch nicht so, dass mit deren Klärung (sofern sie

---

35 Janoff-Bulman, 1985

denn überhaupt geklärt werden kann) die Frage nach der Sinnhaftigkeit der eigenen Existenz und der Existenz derjenigen, die wir lieben, gelöst wäre. Der Tod, der Verlust eines geliebten Menschen, kann, aber muss keine positive Bedeutung für das eigene Leben bekommen. Als Beispiel möchte ich die wütende Reaktion eines Vaters nennen, der mich fast physisch angegriffen hat, als ich mich in einem Vortrag dazu habe hinreißen lassen zu sagen, dass für viele Trauernde der Verlust den Anstoß für eine psychologische Wachstumserfahrung geben kann. Das kann vorkommen und wird auch berichtet, diese Entwicklung zu verlangen wäre aber verfehlt.[36]

Weitere Vorstellungen betreffen die Dauer der Trauer und das Verhalten gegenüber Trauergefühlen.

a) *Der Schmerz geht schneller vorbei, wenn man ihn ignoriert.* Das ist insofern nicht richtig, als das Unterdrücken von Gefühlen generell nur unter Aufwand möglich ist; wenn wir starke Gefühle unterdrücken wollen, müssen wir uns »zusammenreißen«, uns aktiv ablenken oder betäuben. Der Körper reagiert beim aktiven Unterdrücken von Gefühlen physiologisch mit erhöhter Aktivität.[37] Das kann man sich selbst leicht plausibel machen, wenn man sich vorstellt, wie man sich bei der Notlüge gegenüber dem Lehrer fühlte, weil man die Hausaufgaben nicht gemacht hatte: schweißige Hände, ein heißer Kopf und den Kontakt meidende Augen. In der Tat, ein solches Verhalten ist kontraproduktiv – die Gefühle verschwinden nicht einfach, sondern tauchen paradoxerweise verstärkt auf – und das Unterdrücken von unangenehmen Gefühlen schadet langfristig der Gesundheit.

b) *Es ist wichtig, »stark zu bleiben«.* Diese Auffassung wird häufig vertreten, und sie stimmt ja in manchen Belangen auch: Die Mutter muss die Kinder jetzt vielleicht allein aufziehen, die Arbeit im Haushalt soll nicht liegenbleiben. Hinter dieser Auffassung steckt aber Folgendes: »Wenn man erst mal dem Schmerz nachgibt, so gibt es kein Halten mehr«, oder

---

36 Znoj, 2006
37 Gross & Levenson, 1997

»Wenn ich jetzt meine Trauer zeige, so verlieren meine Kinder nicht nur den Vater, sondern auch die Mutter«. Dahinter verbirgt sich die irrtümliche Annahme, dass der Trauerschmerz ansteckend ist und man damit nicht nur sich selbst, sondern auch andere gefährdet. In Wirklichkeit ist es eher so, dass das Zeigen der eigenen Gefühle bei den anderen Betroffenen Sympathien und Stärken hervorruft.

c) *Wenn man nicht weint, dann ist man zu wenig betroffen.* Dazu ist zu sagen, dass das Weinen eine mögliche Reaktion auf einen Verlust darstellt, aber nicht die einzige. Weinen ist kein Indikator für das richtige Trauern. Die Trauer hat viele Möglichkeiten, sich auszudrücken. Und manchmal sind durch den Verlust auch viele positive Gefühle blockiert, und es braucht viel Zeit, diese Blockade zu lösen.

d) *Die Trauer dauert ungefähr ein Jahr.* Diese Aussage ist ebenso falsch wie richtig. Mittlerweile existieren viele Untersuchungen[38], die zeigen, dass die Trauerreaktion oft wesentlich länger dauert. Aber die Dauer ist eine individuelle Angelegenheit, und Aussagen darüber dürfen keine normativen Zeitwerte beinhalten.

Zusammenfassend kann gesagt werden, dass die meisten dieser Mythen empirisch nicht bestätigt werden können. Die Annahme, dass emotionale Trauerarbeit im Sinne einer möglichst tiefen Trauer notwendig zur Überwindung derselben und zur erfolgreichen Neuanpassung ist, findet in der Forschung wenig Unterstützung. Dazu passt, dass Befunde existieren, die dafür sprechen, dass das Vermeiden von Gefühlsreaktionen nach dem Verlustereignis sogar auf lange Zeit adaptiv sein kann[39]. Dennoch kann nicht geleugnet werden, dass hinter diesen Mythen Beobachtungen stehen. Diese basieren allerdings oft auf auffälligen Einzelfällen und betreffen in den meisten Fällen komplizierte Trauerformen; die Schlussfolgerungen sind daher nicht unbedingt repräsentativ für die normale Trauerreaktion.

---

38 z. B. Zisook & Schuchter, 1985
39 Bonanno & Kaltman, 1999; Bonanno, Znoj, Siddique & Horowitz, 1999b

Wer trauert?

Nach biologischen und bindungstheoretischen Annahmen trauern wir in erster Linie beim Verlust naher Personen. Tatsächlich bestimmt weniger die Todesart (Plötzlichkeit, andere Umstände), sondern die Beziehung zur verstorbenen Person die Trauerreaktion, wenn auch festgehalten werden muss, dass die Plötzlichkeit des Verlusts, aber auch die Art des Todes, wie beispielsweise durch Suizid, einen maßgeblichen Einfluss auf die Verarbeitung hat. Wie im vorangegangenen Kapitel erwähnt, spielen auch biologische Faktoren eine wichtige Rolle. Aus diesem Grund sind Partnerverluste oder der Verlust eines eigenen Kindes – unabhängig vom Alter – besonders schwer zu ertragen. Tatsächlich finden sich Hinweise aus Untersuchungen[40], die eine direkte Verbindung zwischen der Schwere der Trauerreaktion und der Reproduktivität postulieren. Dies ist aber nur ein Faktor von vielen, die die Trauerreaktion beeinflussen. Kulturelle Einflüsse und individuelle Vorstellungen spielen für den Menschen wohl eine maßgeblichere Rolle für die Schwere der Trauerreaktion. Schuldgefühle gegenüber der verstorbenen Person können verhindern, dass Trauernde sich ihren Lebensaufgaben widmen und sich wegen ihrer andauernden Selbstvorwürfe nicht von der verstorbenen Person lösen können. Ähnliches geschieht, wenn Trauernde den verstorbenen Personen Vorwürfe machen oder wenn andere »unfertige Geschäfte« verhindern, dass sich Trauernde mit dem Tod oder dem endgültigen Abschied abfinden können.

Trauer kann sich auch auf andere Menschen übertragen. Nicht durch Magie, sondern durch den universalen Ausdruck der Trauer, der sich in der Körperhaltung und im Gesichtsausdruck widerspiegelt.

In der Abbildung 5 ist recht deutlich zu sehen, dass die Trauer (Traurigkeit, Verzweiflung) einen ganz eigenen Gesichtsausdruck hat. Die Bilder stammen aus Charles Darwins Buch »The expression of the emotions in man and animals«[41]. In diesem Buch, dem ersten, das sich mit dem menschlichen und tierischen Gefühlsausdruck beschäftigt, verfolgt Darwin das Argument, dass es sich beim emotionalen Ausdrucksverhalten um

---

40 z. B. Archer, 2001
41 Darwin, 1890; Originalausgabe von 1872

Abb. 5: Die Abbildung aus Darwins Werk »The expression of the emotions in man and animals« (1890, S. 189) zeigt den universalen Gesichtsausdruck der Trauer, charakterisiert durch die typische Stellung der Augenbrauen und die nach unten gezogenen Mundwinkel.

universale, d.h. biologische und damit angeborene Verhaltensweisen handelt, welche auch universal zu verstehen sind. So »sehen« wir, wenn ein Hund fröhlich oder niedergeschlagen ist, wir können den ängstlichen Ausdruck einer Katze vor dem Feind erkennen, und wir erkennen eben auch, wenn ein Mensch tieftraurig und verzweifelt ist. Tatsächlich gibt es neben dem Gesichtsausdruck und der Körperhaltung noch ein weiteres Verhalten, das für die Emotion »Traurigkeit« typisch ist: das Weinen. Unter dem Weinen verstehen wir allgemein, dass Menschen Tränen vergießen. Das Weinen ist eine typisch menschliche Eigenschaft, nur anekdotisch wird von weinenden Tieren berichtet. Das Weinverhalten bei Trauernden wurde auch untersucht, unter anderem von mir und Mitarbeitern in der »San Francisco Bereavement Study«, die von einer Arbeitsgruppe um Mardi Horowitz geleitet wurde. Im Gegensatz zu anderen Studien stellten wir fest, dass Männer und Frauen nicht unterschiedlich weinen; der Unterschied besteht in der Menge der ausgeschiedenen Tränenflüssigkeit, deren Produktion wiederum von bestimmten Hormonen (hauptsächlich von Prolaktin) abhängig ist. Beim eigentlichen Weinen handelt es sich um eine »Entgleisung« der Gesichtszüge, gewissermaßen um den »Zusammenbruch« eines geordneten Gesichtsausdrucks. Dieser Zusammenbruch dauert in der Regel nur wenige Sekunden, kann sich aber auch bis über eine Minute hinziehen. In unserer Untersuchung haben wir das Weinen eher unbeabsichtigt provoziert, indem die Teilnehmenden in einer experimentellen Anordnung gebeten wurden, einen letzten, etwa zehn Minuten dauernden Monolog an den verstorbenen Lebenspartner zu richten. Da es sich um eine experimentelle Anordnung handelte, wurden die Anweisungen standardisiert von einem Tonband abgespielt. Die Teilnehmer waren in dieser Situation allein, wurden aber gefilmt, wozu sie auch ihre Einwilligung gaben. Die Aufgabe zielte unmittelbar auf den emotionalen Kern der Trauer, und so verwundert es nicht, dass die teilnehmenden Personen, die erst vor wenigen Monaten ihren Lebenspartner verloren hatten, während des 10-minütigen Intervalls durchschnittlich drei klar abgegrenzte Weinperioden hatten und durchschnittlich 109 Sekunden lang weinten.[42] Da es sich um eine Längsschnittuntersuchung handelte, konnten dieselben Teilnehmer nach zwei Jahren wieder befragt werden. Ein klinisches Interview ergab, dass sowohl die Anzahl der Weinperioden als auch die Dauer des Weinens eine komplizierte Trauer (diagnostiziert nach den Kriterien der Horowitz-Gruppe) statistisch signifikant vorhersagen konnten. Ist Weinen deshalb ein Verhalten, das es zu verhindern gilt, oder gar ein Zeichen für eine pathologische Entwicklung? Sicher nicht, in manchen Fällen kann Weinen innere Blockaden lösen und wird von vielen Menschen gerade deshalb als erleichternd erfahren. Viele Trauernde leiden

---

42 Znoj, 1997

aber an ihrer andauernden emotionalen Erschütterung, deren Ausdruck das Weinen ist. Und so betrachtet, kann es durchaus angebracht sein, dieser Erschütterung etwas entgegenzusetzen, damit man nicht in der Trauer, Verzweiflung und im Schmerz steckenbleibt. Davon später mehr, wenn es um die Entwicklung der komplizierten oder traumatischen Trauer geht.

Zur Dauer der Trauer

Es gibt keine genormten Trauerreaktionen, und deshalb sind auch Aussagen über die Dauer der Trauer widersprüchlich und Annahmen darüber, wie lange der Zustand der Trauer als noch normal betrachtet werden kann, äußerst heterogen. Wenn eine Mutter sagt: »Ein Teil von mir ist gestorben, ich werde den Verlust das ganze Leben lang mit mir herumtragen«, erscheinen diese Worte übertrieben, wenn es sich bei dem Verlust um einen entfernten, kaum bekannten Verwandten handelt. Diese Aussage stammt jedoch von einer 64-jährigen Frau bezüglich ihres jüngst verstorbenen (erwachsenen) Kindes, und so erscheint uns die Fortführung des Gedankens – nämlich den Verlust das ganze Leben mit sich herumzutragen – zumindest verständlich, wenn nicht sogar nachvollziehbar.

Die Trauer dauert länger, als dies allgemein unter Laien und Fachpersonen angenommen wird. Im Gegensatz zur Auffassung, dass eine Trauer aufgelöst werden muss, bevor man sich wieder neuen Aufgaben oder Bindungen zuwenden kann, wird heute die Ansicht vertreten, dass das Erleben eines Verlustes in die persönliche Welt eingebaut werden soll. Der Verlust soll akzeptiert werden, und es kann dem oder der Trauernden selbst überlassen sein, wie stark die Beziehung zur verstorbenen Person aufrechterhalten bleibt.

Die Untersuchung von Carnelley und Mitarbeitern[43] ist in ihrer Art einmalig und soll hier kurz ausgeführt werden. Die Autoren dieser Studie stellten sich die Frage, wie lange eigentlich bestimmte Anzeichen, die wir

---

43 Carnelley et al., 2006

mit Trauer und dem Verlust einer Person verbinden, nach dem Verlust anhalten. Solche Anzeichen sind beispielsweise unwillkürliche Erinnerungen oder das Gefühl der Nähe zur verstorbenen Person; ein anderes Phänomen, von dem Trauernde häufig berichten, sind die Jahresreaktionen. Darunter versteht man einen Zustand erhöhter Erregbarkeit und Unruhe, der sich um die Zeit einstellt, als man die geliebte Person verloren hat. Schließlich wurde auch die Häufigkeit abgefragt, mit der man mit der verstorbenen Person spricht oder versucht, mit ihr innerlich Kontakt aufzunehmen. Insgesamt befragten die Autoren über 700 verwitwete Personen, die ihren Lebenspartner vor durchschnittlich 15 Jahren verloren hatten (zwischen 0 und 40 Jahren). Über die Bildung von Kohorten – zeitlich geordneten Gruppen – konnten die Autoren zeigen, dass diese Verlustphänomene auch nach 30 Jahren noch berichtet werden, wenn auch eine Abnahme innerhalb der ersten fünf Jahre feststellbar war. Die Abbildung 6 aus der Untersuchung von Carnelley und Mitarbeitern[44] zeigt als Beispiel die Jahresreaktion, also die weitgehend automatische Reaktion und Unruhe, die sich um die Zeit des Todestages einstellt.

Die von dieser Untersuchung berichteten Verlustphänomene sind nicht mit der Trauer gleichzusetzen, die unmittelbar nach dem Verlust einsetzt und die geprägt ist von einer emotionalen Erschütterung. Aber es sind Phänomene, die Teil der Trauerreaktion sind und die Elemente enthalten, welche zur gefühlten Trauer beitragen. Was wir aus dieser Untersuchung lernen können ist, dass die Trauerreaktion kein klares Ende hat. Der Verlust wird Teil der gelebten Biographie; der verstorbene Lebenspartner wird nicht aus dem Gedächtnis gelöscht, sondern beeinflusst die Wahrnehmung und Teile des Gefühlslebens weiterhin. Dies hat natürlich Implikationen für die Art und Weise, wie mit dem Verlust eines geliebten Menschen umzugehen ist, besonders wenn quälende Fragen auftauchen oder kein Ende der Trauer abzusehen ist, weil der Verlust als zu tief empfunden wird. Für die Therapie komplizierter Trauerverläufe sind diese Befunde sehr wichtig; sie geben Aufschluss darüber, wie die Beziehung zur verstorbenen Person zu gestalten ist, damit solche Reaktionen nicht nur Schmerz auslösen, sondern auch Ruhe und Gelassenheit ermöglichen. Eine Unterstützung findet diese Aussage im Befund dieser Studie, dass sich das

---

44 ebenda

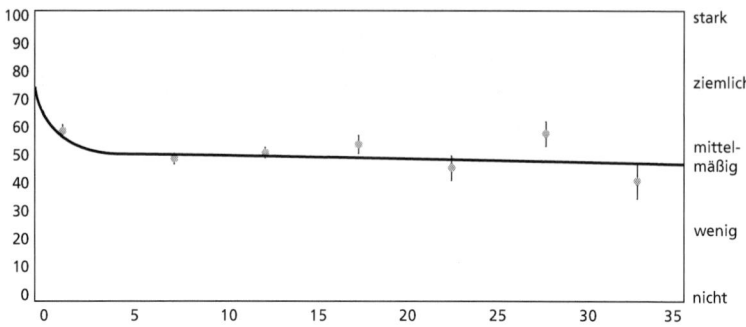

Abb. 6: Die Abbildung zeigt die Höhe dieser Reaktion anlässlich des jährlichen Todestages über verschiedene zeitliche Kohorten hinweg (Grafik nach Carnelley et al., 2006). Viele Personen berichten diese Reaktion nach dem eigentlichen Todesfall. Dabei ist zu beachten, dass im Durchschnitt auch noch nach 30 Jahren immer noch eine fühlbare Reaktion auf das Ereignis wahrgenommen wird.

Gleichgewicht von negativem und positivem Affekt zugunsten des positiven Affektes verschiebt, so dass offensichtlich nur anfänglich der negative Affekt (Angst, Traurigkeit, Verzweiflung) überwiegt. Der Verschiebung der negativen Gefühlslage zugunsten des positiven Affektes gegenüber dem verstorbenen Lebenspartner entspricht wohl auch die Aussage, dass der Trauerprozess nach einiger Zeit einen Abschluss findet; dies bedeutet aber nicht, dass der verstorbenen Person keine Gefühle mehr entgegengebracht werden (Beziehungsaspekt) oder dass die Tatsache, verlassen worden zu sein (Stressfaktor), keine entsprechenden Gedanken mehr auslöst. Nur scheint ein Adaptionsprozess stattgefunden zu haben, der offensichtlich direkt auf die Qualität der emotionalen Verarbeitung abzielt. Dies ist nun spekulativ, aber dieser angenommene Adaptionsprozess ist vermutlich biologisch angelegt.

Halten wir zusammenfassend fest:
Die *emotionale* Belastung, die durch den Verlust einer nahestehenden Person ausgelöst wird, kann sich verschiedenartig äußern. Es kommen intensive Emotionen von Angst, Wut, Schuld und Trauer, aber auch Ge-

fühle der emotionalen Leere, Kälte und Zustände von Erleichterung oder Einsamkeit vor.

Auf der *Verhaltensebene* lassen sich Apathie, Hysterie, Betäubungsverhalten (Medikamente, Alkohol, Drogen), extensives Reizsuchen (auch sexuell), Selbstverletzungen (bis zum Suizid), Ess- und Schlafstörungen beobachten.

Auf der *kognitiven Ebene* zeigen sich Verleugnung (nicht wahrhaben wollen), Gedankenleere und Gedankenrasen.

Somatisch kann sich Trauer in Schmerzen, in motorischer Unruhe und Herz-Kreislauf-Störungen äußern. Bei sehr intensiver Trauer können emotionale Regulationsvorgänge nachhaltig gestört werden. Dies beeinträchtigt die adaptive Funktion des emotionalen Erlebens. Langfristig kann dies zu psychischen, aber auch somatischen Störungen führen.

Über die somatische Belastung, die körperliche Reaktion wurde bisher kaum gesprochen. Davon ausgehend, dass Trauer als Stresszustand betrachtet werden kann, haben Hall und Irwin[45] ein Modell zur Krankheitsentstehung in der Trauer postuliert. Dieses Modell ist in der Abbildung 7 dargestellt.

In einer eigenen Untersuchung von Eltern, die ein Kind verloren hatten, zeigte sich der große Einfluss persönlicher Ressourcen auf die Verarbeitung des Verlustes sowohl hinsichtlich der Depressivität als auch hinsichtlich der somatischen Gesundheit. Agnes Plaschy, eine meiner Studierenden, fasste diese Befunde graphisch (▶ Abb. 8) zusammen.

Hohe persönliche Ressourcen werden allgemein auch als Resilienzfaktoren bezeichnet. Ursprünglich als technischer Begriff verwendet, um die Widerstandsfähigkeit von Materialien zu kennzeichnen, wurde er auf die menschliche Fähigkeit transformiert, mit stressigen Bedingungen zurechtzukommen. Es zeigte sich in der Untersuchung zum Kindstod, dass vor allem hohe persönliche Ressourcen wie gute Copingfähigkeiten oder Optimismus entscheidend dafür sind, wie mit der Belastung umgegangen wird. Zusätzliche soziale Unterstützung kann das Fehlen solcher persönlicher Ressourcen nicht kompensieren.

---

45 Hall & Irwin, 2001

2. Vorlesung Wer trauert wie, weshalb, worum?

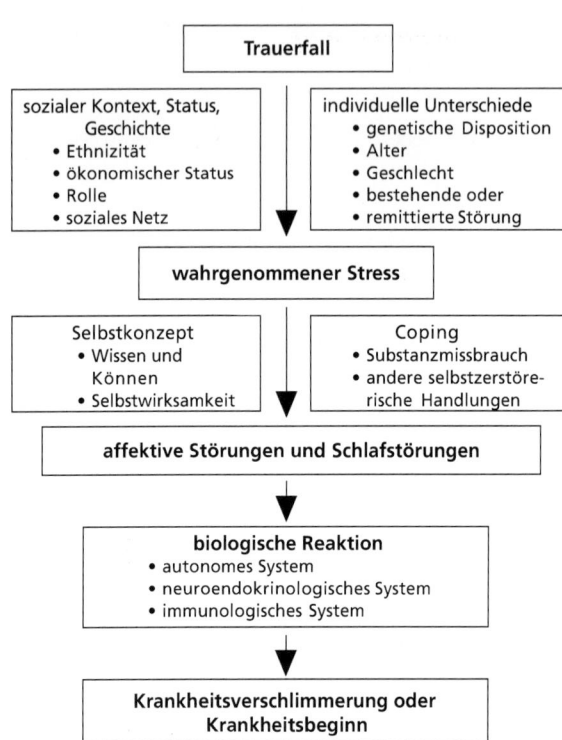

Abb. 7: Die Abbildung verdeutlicht die Reaktion auf einen Trauerfall (nach Hall & Irwin, 2001). Die Belastung durch den Verlust wird einerseits von persönlichen (Alter, Geschlecht, psychische Gesundheit) und andererseits durch soziale Faktoren (sozioökonomischer Status, die soziale Rolle und Unterstützung) moderiert. Mit der Belastung (Stress) kann unterschiedlich umgegangen werden. Dabei spielen Coping-Prozesse und erworbene Handlungsstrategien sowie die Überzeugung, selbst etwas tun zu können, eine wichtige Rolle. Ist die Belastung zu groß oder kann sie nicht durch geeignete Maßnahmen reduziert werden, stellen sich Schlafprobleme und emotionale Probleme ein. Diese wiederum haben Auswirkungen auf biologische Systeme, insbesondere auf das autonome Nervensystem, die Veränderung von hormonellen Systemen über die sogenannte Stressachse (Hypothalamus – Hypophyse – Nebennierenrinde) und schließlich auf die Immunkompetenz, also die Kapazität des Immunsystems. Damit wird der gesamte Organismus anfälliger für Krankheitskeime oder kann auf innere Störungen nicht mehr gut reagieren. Trauer kann krank machen.

Zur Dauer der Trauer

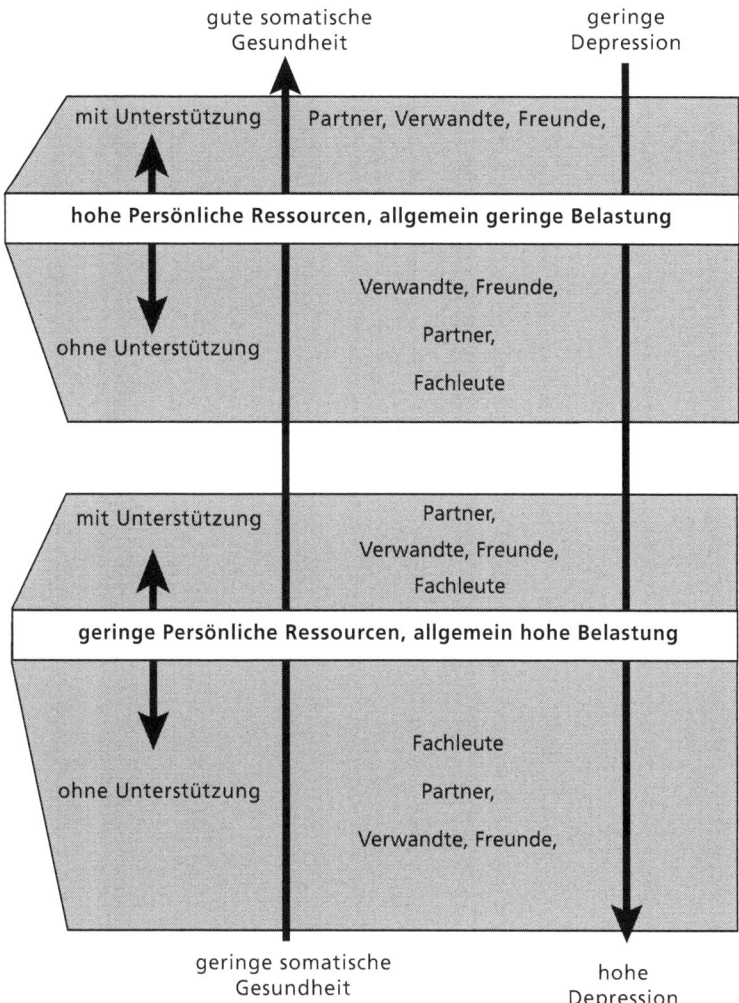

Abb. 8: Einfluss persönlicher und sozialer Ressourcen auf die Verarbeitung eines Kindstods (aus Plaschy, 1999, S. 66).

Zusammenfassend können folgende Risiko- und Resilienzfaktoren genannt werden:

49

a) Art des Verlustes. Je näher man einer Person verbunden war, desto größer wird die Trauer sein, die Lücke, die dieser Mensch in einem hinterlassen hat. Vermutlich spielen hier auch biologische Fragen im Sinne der Reproduktivität mit hinein.

b) Traumatisierende Umstände. Plötzliche Verluste und solche, die einen hohen Klärungsbedarf beim Hinterbliebenen auslösen wie Suizide oder Todesfälle im Rahmen anderer traumatisierender Umstände, stellen einen Risikofaktor für die Trauerverarbeitung dar.

c) Sekundäre Verluste wie ökonomische oder andere Härten, der Wegfall sozialer Unterstützung (vor allem durch Angehörige) oder Verluste im Rahmen von Katastrophen schaffen ein erhöhtes Risiko.

d) Dagegen stellen persönliche Ressourcen wie gute Copingfähigkeiten, eine optimistische Lebenseinstellung oder ein hohes Maß an Selbstwirksamkeitsüberzeugung sogenannte Resilienzfaktoren dar. Diese Einstellungen, Fähigkeiten und Überzeugungen helfen, den Verlust besser zu verarbeiten.

e) Die soziale Unterstützung durch Angehörige, Freunde und weitere Nahestehende wird von Trauernden höher gewertet als professionelle Unterstützung durch Seelsorger oder psychologische Hilfe. Letztere ist erst sinnvoll, wenn es Personen auch nach langer Zeit nicht schaffen, neue Perspektiven zu gewinnen.

Die Fähigkeit, mit unangenehmen Gefühlen oder Zuständen umgehen oder extreme Gefühlszustände tolerieren zu können, scheint einen Teil der Resilienz auszumachen. Diese Fähigkeit lernen wir in einem Alter, in welchem das Bewusstsein noch keine große Rolle spielt, als Kleinkind. Ganz zu Beginn des Menschenlebens übernehmen die Eltern die Funktion des »Regulators« der Gefühle. Schreit das Kleinkind, beruhigen es die Eltern mit sanfter Stimme und Körperkontakt, wiegen es in den Armen und sorgen für dessen körperliches Wohlbefinden. Mit zunehmendem Alter wird das Kind autonomer. Es lernt, sich selbst zu beruhigen und für seine Bedürfnisse zu sorgen. Beim Eingehen einer Partnerschaft scheint dieser Prozess sich aber wieder umzukehren. Wir fühlen uns in der Gegenwart des Partners wohl, Lebenspartner sorgen füreinander, beruhigen und stimulieren sich gegenseitig. Das zeigt, wie sehr das Bindungssystem, das ja Teil des Emotionsregulationssystems ist, mit der Erfahrung von Verlusten zusammenhängt. John Bowlby hat das als Erster erkannt[46] und ausführlich darüber geschrieben. Der Verlust des Lebenspartners oder allgemeiner einer Bindungsfigur stellt für die Regulation des emotionalen Gleichgewichts eine Bedrohung dar, und deshalb kommt der Fähigkeit, die eigenen Emotionen regulieren zu können, bei Verlusten, mehr noch als bei anderen Stressoren, große Bedeutung zu. Trauer kann – um es überspitzt zu sagen – als Emotionsregulationsstörung betrachtet werden. Der entscheidende Faktor für eine gute gesundheitliche Entwicklung ist das *Zulassen positiver Gefühle*. Gelingt dies nicht, kann die Trauer chronisch werden. In dem Zusammenhang möchte ich auf eine eigene Forschungsarbeit hinweisen[47], in der wir die Emotionsregulationsstrategien von trauernden Personen in zwei unterschiedlichen Stichproben untersuchten. Es zeigte sich, dass Trauernde gegenüber einer nach Alter und Geschlecht gemachten Vergleichsgruppe adaptivere Wege und Strategien angaben, um mit problematischen emotionalen Zuständen umzugehen. Dieses Ergebnis macht theoretisch Sinn: Personen, die hohem emotionalen Stress ausgesetzt sind, müssen, sofern sie nicht psychisch krank werden wollen, Wege und Strategien finden, die sich als wirksam im Sinne der Selbstberuhigung erweisen. Die Ergebnisse aus unserer Untersuchung zeigen, dass dies in den meisten Fällen gelingt. Der Verlust einer geliebten Person beeinflusst nicht nur das Befinden, sondern wirkt sich langfristig auf die Kapazität aus, mit allen möglichen Gefühlszuständen umzugehen. Paradox ist allerdings, dass Trauernde einerseits höhere Belastungswerte (Stress-Symptome, Depression etc.) aufweisen, andererseits aber angeben, besser mit schwierigen Gefühlen umgehen zu können. Dies muss kein Widerspruch sein, sondern kann als Ergebnis eines Entwicklungsprozesses gesehen werden. Schwierige Lebensereignisse können nebst »normalen« Reifungsprozessen solche Entwicklungen auslösen. Kritische Lebensereignisse »funktionieren« aber nicht nur in eine Richtung: Sie können auch Anlass für psychopathologische Entwicklungen sein. Dies wird uns in der folgenden Vorlesung stärker beschäftigen. Hier möchte ich stellvertretend für viele Trauernde eine rund 30-jährige Mutter zu Wort kommen lassen, die 14 Monate zuvor ihren Gatten verloren hatte.

---

46 Bowlby, 1980
47 Znoj & Keller, 2002

2. Vorlesung Wer trauert wie, weshalb, worum?

> *»Also ich habe mich stark verändert, seit er gestorben ist. In der ersten Zeit nach seinem Tod lernte ich, Hilfe zu akzeptieren. Ich erhielt wirklich unglaublich viel Liebe und Hilfe von allen möglichen Leuten, von denen ich nicht mal gewusst habe, dass sie existieren. Und es war immer schwierig für mich, Hilfe zu akzeptieren, doch als mein Mann starb, musste ich die Hilfe einfach annehmen, es ging gar nicht ohne. (…). Und es half mir, anderen Menschen auch zu geben, und das verbessert einfach die Beziehung zu anderen Menschen, und so bin ich eine freigebigere Person geworden, seit mein Mann verstorben ist; ich kann auch besser meine Hilfe anbieten, und ich weiß, wie gut sich das anfühlt. (…). Und ich denke, dass ich weitaus offener bin als früher (…). Und manchmal denke ich, dass ich wirklich Glück habe, eine alleinerziehende Mutter zu sein, auch wenn es eine tragische Seite hat«.*
> *(Anonym, aus der San-Francisco-Untersuchung, 1995)*

Als therapeutisch tätige Person sollte man sich dieser positiven Aspekte eines Verlustes bewusst sein. Taktisch kann es allerdings sehr unklug sein, trauernde Menschen damit zu »trösten«. In einer Runde verwaister Eltern haben von mir vorgebrachte Äußerungen hinsichtlich einer solchen möglichen Entwicklung teilweise heftige Empörung ausgelöst.

Wenn man von Bewältigung und Entwicklungen im Zusammenhang mit dem Verlust geliebter Menschen spricht, so spielt in den Augen vieler Menschen die Religion eine zentrale Rolle. Deshalb und weil Religiosität ein psychologisch bislang weitgehend unerforschtes Territorium darstellt, muss auf dieses Thema unbedingt eingegangen werden.

Glaube und Spiritualität werden für viele Trauernde zu lebensbestimmenden Faktoren. Die Gründe liegen einerseits in der erhöhten Vulnerabilität, die mit der emotionalen Destabilisierung verbunden ist. Diese Verletzlichkeit macht unsicher und fördert dadurch das Motiv, Sicherheit zu erstreben. Diesem Bedürfnis nach Sicherheit kommen religiöse Angebote entgegen. Religiöse Überzeugungen können sich jedoch »pathogen« auswirken. Dies besonders dann, wenn es Versündigungsideen gibt und beispielsweise der Verlust als Strafe Gottes interpretiert wird. Obwohl sich die Literatur in zunehmendem Maße mit der Frage der Religion im Zusammenhang mit einem Verlust auseinandersetzt, ist die empirische Lage weniger klar, als es zuerst den Anschein macht. Bezüglich der Religiosität wird nach Allport und Ross[48] zwischen intrinsischer und extrinsischer Religiosität unterschieden. Während die extrinsische Religiosität nur aufgrund äußerlicher Regeln oder gesellschaftlicher Vorteile gelebt wird, wird unter intrinsischer Religiosität eine innerliche Bindung zu einer höheren Instanz verstanden. Diese eigentliche Bindung soll nach Allport und Ross[49] zwar die Trauer nicht mindern, jedoch ist eine extrinsische Religiosität nach den Autoren mit mehr Trauer und Depression verbunden. Wie die meisten psychologischen Studien zur Religiosität ist diese Untersuchung von vorneherein methodisch limitiert. Diese Studien untersuchen stets nur Personen innerhalb religiöser Gruppierungen, nicht aber Gruppen mit unterschiedlichen religiösen Vorstellungen. Eine ganze Reihe von Studien belegen die Wichtigkeit religiöser Überzeugungen im Zusammenhang mit Trauer, Verlust und Trauerverarbeitung; der Halt in einem religiösen System, der Besuch der Kirche, religiöse Rituale können für die Regulation der Trauergefühle und der negativen Affektivität eine zentrale Rolle spielen und damit langfristig eine Depression oder andere langfristige negative Folgen verhindern. Eine religiöse Geborgenheit kann darin gipfeln, im Tod selbst eine Bedeutung für das eigene Leben und zu einem persönlichen Wachstum zu finden.

Pargament[50] hat im Bereich des religiösen Copings eine Pionierrolle eingenommen, die dazu geführt hat, das psychologische Wissen über Coping in der Religionspsychologie zu etablieren. Diese Studien führten zu einer neuen Sichtweise bezüglich der Funktion von religiösem Coping. Dessen Ziel beschränkt sich nicht darauf, erlebte Spannungen zu reduzieren, es ist kein Mittel zur Repression von Gefühlen oder zur Förderung der Realitätsverleugnung. Religion kann nach Pargament viele verschiedene Funktionen haben, einige mögen in die oben genannten Realität verleugnenden Strategien passen, andere führen zu einem Wachstum von Möglichkeiten und zu einer sensibleren Wahrnehmung der eigenen oder fremder Bedürfnisse. Insgesamt ist es fruchtbarer, das religiöse Coping als effektiv oder ineffektiv hinsichtlich klar zu unterscheidenden Situationen zu betrachten, als es global als eine passive Art des Bewältigens zu taxieren,

---

48 Allport & Ross, 1967
49 ebenda
50 Pargament, z. B. 1997

die an der Realität nichts zu ändern vermag und nur dazu dient, dieser zu entfliehen.[51]

Nebst der methodisch problematischen Auswahl der Stichproben stellt sich bei der Religiosität die Frage nach der Konfundierung besonders mit sozialer Unterstützung, da religiöse Menschen meist sehr stark in Gemeinschaften eingebunden sind. Znoj, Morgenthaler und Zwingmann[52] untersuchten in der Berner Kindstod-Studie eine Unterstichprobe von Eltern, welche sich zu einer religiösen Haltung bekannten, und konnten gegenüber verwaisten Eltern, die keine solche Haltung angaben, keine Unterschiede in der Trauerintensität feststellen. Die Rolle der Religiosität wurde in dieser Untersuchung dennoch verdeutlicht: So wiesen verwaiste Eltern dann höhere Depressionswerte auf, wenn sie das Gefühl hatten, von Gott bestraft worden zu sein. Die Theodizee, also die Vorstellung darüber, welcher Art von Gott ich gegenüberstehe, einem liebenden, gerechten oder strafenden Gott, hat einen wesentlichen Anteil an der Verarbeitung eines solchen Ereignisses. Das religiöse Coping (z. B. beten, in die Kirche gehen oder sonstige religiöse Handlungen) hatte gegenüber dieser Grundeinstellung keinen feststellbaren Einfluss auf die Verarbeitung des Verlustes in dieser Untersuchung.

Therapeuten, die sich im Spannungsfeld von therapeutischer Aufarbeitung und religiösen Vorstellungen befinden, was vor allem auch die Frage des endgültigen Abschieds oder des Loslösens betreffen kann, sind sicher gut beraten, religiöse Fragen anzusprechen oder allenfalls mit entsprechenden Fachleuten Kontakt aufzunehmen; sie sollten sich ihrer ethischen Verantwortung bewusst sein und ein Bewusstsein für unterschiedliche religiöse Auffassungen und Werte im Zusammenhang mit Sterben und Tod entwickeln.

---

51 Pargament & Park, 1995
52 Znoj, Morgenthaler & Zwingmann, 2004

3. Vorlesung
Trauer als Problem

Bisher haben wir festgestellt, dass weniger das Vermeiden der verlustassoziierten Gefühle problematisch ist als das Nicht-Zulassen positiver Emotionen. Nach dem dualen Prozessmodell der Trauer hängt die erfolgreiche Adaption von einer gelungenen Balance von Trauerarbeit und aktiver Zuwendung zu neuen Aufgaben ab. Dauerndes (ruminatives) Beschäftigen mit dem Verlust kann zu einer Intensivierung der Trauerreaktion führen, zu starkes Vermeiden kann wiederum die langfristig erfolgreiche Adaption verhindern. Ruminatives Verhalten wird deshalb von einigen Autoren als notwendige Voraussetzung für einen adaptiven Prozess betrachtet.[53] Die exzessive Beschäftigung mit dem Verlust und zu viel »Trauerarbeit« stellt einen erheblichen Risikofaktor für eine pathologische Entwicklung dar.

Trauer als Problem

Trauer kann als »Modell« eines psychischen Traumas begriffen werden. In Analogie zu einem Trauma werden in der Trauer um eine geliebte Person Annahmen über eine gute, gerechte Welt erschüttert. Dafür hat Janoff-Bulman[54] sehr treffend den Begriff der zerbrochenen Welt (»shattered world«) geschaffen. Sie beschreibt damit, wie traumatisierte Personen die Welt als eine zerbrochene wahrnehmen. Was bisher, fast möchte man

---
53 Calhoun, Cann, Tedeschi & McMillan, 2000
54 Janoff-Bulman, 1989

sagen in naiver Weise, als gegeben wahrgenommen wurde, existiert nicht mehr. Der liebende Partner oder Elternteil, der bis zum Zeitpunkt seines Todes Mittelpunkt des Lebens war, ist für immer weg; die Erfahrung, dass auf einmal nichts mehr Gültigkeit hat, dass Dinge, die nie infrage gestellt wurden, auf einmal anders sind, generalisiert sich auf weitere Erfahrungen. Kann man sich sicher sein, dass nicht auch andere Dinge plötzlich verschwinden? Sicher geglaubte Lebensentwürfe stimmen auf einmal nicht mehr, die ganze Welt gerät aus den Fugen. Diese Verunsicherung erschüttert die eigene Person bis hin zu dem Gefühl, verrückt geworden zu sein. Traumatisierte Personen erleben eine fremde, unsichere und teilweise feindliche Welt. Der Verlust sehr vertrauter Personen löst in ähnlicher Weise wie die Verletzung der Integrität durch ein Verbrechen massive Ängste und Ungewissheit aus.

Ebenso wie der Verlust nahestehender Personen kann der Verlust von Fähigkeiten und der körperlichen Integrität solche Erfahrungen hervorrufen. Wir erinnern uns: Der Verlust von sozialen Beziehungen wird von Trauernden teilweise sehr körperlich beschrieben, wie etwa die Aussage einer trauernden Mutter verdeutlicht: »Mir ist, als ob mir jemand das Herz herausgerissen hätte«. Aber auch Alltagserfahrungen spiegeln das Prinzip des Verlustes wider, wenn beispielsweise bestimmte Ziele nicht erreicht werden, eine wichtige Prüfung nicht bestanden wird oder wenn eine Geschäftsidee scheitert. Bleiben wir gedanklich beim Verlust, stellen sich mit der Zeit Selbstzweifel und eine depressive Grundhaltung ein, oder wir »klagen« die Welt an, weil sie sich in unseren Augen ungerecht verhalten hat. Verbitterung gegenüber Unversehrten ist ein Thema, das in der Literatur ausführlich beschrieben wurde. Weshalb gelingt es den meisten Menschen, solche Lebenserfahrungen zu meistern, ohne depressiv und verbittert zu werden? Und was sind die Gründe dafür, dass ein erheblicher Anteil von Betroffenen es nicht »schafft«, missliche Erfahrungen zu bewältigen? Im vorhergehenden Kapitel habe ich ohne Anspruch auf Vollständigkeit einige dieser Faktoren genannt. Hier möchte ich erst auf die Phänomene der unverarbeiteten Trauer eingehen und die Unterscheidung von Trauer und Trauma darstellen.

Die wissenschaftliche Beschäftigung mit dem Phänomen »Trauer« begann mit Lindemanns[55] Beschreibung des »Coconut Grove«-Feuers (einem beliebten Tanzlokal bei Boston, USA) vor dem Zweiten Weltkrieg. Bei dieser Katastrophe starben auf einen Schlag 492 meist junge Menschen, die eine Vielzahl von verzweifelten Angehörigen und Freunden hinterließen. Lindemann stellte Wochen und Monate nach dem Ereignis Trauerphänomene fest, die er als »morbid grief«, als morbide Trauerformen bezeichnete. Folgendes Beispiel aus Znoj[56] zeigt eine solche Trauer:

> *»Ein Mädchen von 17 Jahren verlor beide Eltern und ihren Freund im Feuer und trug auch selbst schwere Verbrennungen davon, wovon auch die Lunge betroffen war. Während des ganzen Aufenthaltes im Spital war ihre Haltung frohgemut akzeptierend, ohne jedes Anzeichen einer (des Unglücks) entsprechenden psychischen Belastung. Bei ihrer Entlassung nach drei Wochen wirkte sie fröhlich, sprach schnell und ideenreich und konnte nicht abwarten, nach Hause zurückzukehren und die Rolle ihrer Eltern gegenüber ihren zwei jüngeren Geschwistern einzunehmen. Mit Ausnahme einer gewissen Einsamkeit klagte sie über keinerlei Symptome«.*

Lindemann nannte folgende Symptome, welche er mit einer verzögerten oder gestörten Trauerreaktion verband:

- Übernahme von Symptomen, die typisch für die verstorbene Person waren oder an denen diese gestorben ist,
- medizinische Erkrankungen,
- Zorn und feindliches Verhalten gegenüber bestimmten Personen,
- hölzernes und steifes Verhalten wie aus schizophrenen Erkrankungen bekannt,
- selbstschädigendes Verhalten wie allen Besitz weggeben oder übertriebener Altruismus,
- agitierte Depression (Schlaflosigkeit, Bedürfnis nach Bestrafung, extreme Schuldgefühle, suizidales Verhalten).

---

55 Lindemann, 1944
56 Znoj, 2004, S. 18

3. Vorlesung Trauer als Problem

Die Wissenschaft beschäftigte sich bis zu diesem Zeitpunkt kaum mit der Trauer – zu sehr schien sie als ein Alltagsphänomen uninteressant. Das Trauern selbst wurde als natürlicher Vorgang betrachtet. Dies hat schon Freud in seinem Aufsatz »Trauer und Melancholie«[57] festgestellt. Freud betonte darin, dass, obwohl sehr viel Ähnlichkeit zwischen der Trauerreaktion und einer Depression besteht, die Trauer doch klar davon zu unterscheiden ist. Auch wenn der oder die Trauernde auf einmal von grundloser Hoffnungslosigkeit erfüllt ist, so gehe dieses Erleben jedoch nicht mit einem Verlust des Selbstwerts einher. Das Trauern wird zugleich als Ausdruck des Verlustes wie auch als Bewältigung desselben gesehen. Freud bezeichnete diese Art von Bewältigung als eigentliche »Trauerarbeit«. Darunter verstand er die emotionale Auseinandersetzung mit dem Verlust, die Anpassung des emotionalen Systems an eine Welt ohne das geliebte Objekt. Wenn diese Arbeit abgeschlossen ist, folgt nach Freud die Möglichkeit, sich wieder neu zu binden. Die von Freud postulierte Unterscheidung zwischen der Melancholie und der Trauer im intakt gebliebenen Selbstwert bei der Trauer stimmt nur zum Teil. Tatsächlich fordert der Verlust einer nahestehenden Person oder eines Intimpartners eine hohe Anpassungsleistung, und zwar nicht nur bezüglich der emotionalen Seite, sondern auch in vielen anderen Lebensbereichen. Diese Anpassung gelingt nicht immer und in allen Fällen. Schätzungen zufolge sind in etwa 10 bis 30 % aller Trauerfälle Komplizierungen der Trauer zu erwarten.[58] In der der deutschsprachigen Schweiz fanden Maercker und Mitarbeiter[59] allerdings nur gerade 4 % kompliziert Trauernde in der älteren Bevölkerung. Dieser Befund wird durch die epidemiologische Studie von Kersting und Mitarbeitern bestätigt, welche die Prävalenz von komplizierter Trauer in Deutschland untersucht hatten[60]. Das relative Risiko, eine komplizierte Trauer zu erleiden, wurde dagegen höher eingeschätzt. Die Gründe für die unterschiedlichen Befunde sind ebenso vielfältig wie die Trauerformen selbst. Oft ergibt sich eine Komplizierung der Trauer durch eine bestehende oder remittierte psychische Störung. Schätzungen zufolge beträgt

---

57 Freud, 1917
58 Horowitz, Siegel, Holen & Bonanno, 1997; Jacobs, 1999; Znoj & Maercker, 2005
59 Maercker et al., 2008
60 Kersting et al., 2011

bei komplizierter Trauer die Komorbidität mit Depression 80%[61], mit generalisierter Angst 80% und mit Panikstörungen 36%[62]. Diese Schätzungen relativieren sich durch die verschiedenen Definitionen für komplizierte Trauer. Bisher existiert lediglich die Forschungsdiagnose »Komplexe anhaltende Trauerreaktion« der Amerikanischen Psychiatrischen Gesellschaft (DSM-5). Die Weltgesundheitsversammlung (WHA72) verabschiedete die elfte Neuauflage der ICD (Internationale statistische Klassifikation der Krankheiten der WHO). Der neue Katalog enthält eine trauerspezifische Diagnose namens »Prolonged Grief Disorder« (PGD). In zahlreichen Beiträgen wird heute schon die inoffizielle deutsche Übersetzung »Anhaltende Trauerstörung« verwendet. Die Einführung einer trauerspezifischen Diagnose ist nicht unumstritten. Bisher wurden anhaltende Trauerreaktionen vielfach als Anpassungsstörung kodiert. Dieses Vorgehen kann sich zukünftig ändern und eine trauerspezifischere Behandlung durch ärztliche und psychologische Psychotherapeuten ermöglichen. Demgegenüber stehen Bedenken hinsichtlich einer zunehmenden Stigmatisierung von Trauernden. Zukünftig wird noch viel Forschung nötig sein, um einerseits die Validität, Nützlichkeit und Anwendbarkeit der neuen Diagnose zu bestätigen, aber andererseits auch die Auswirkungen, die die Einführung der Diagnose auf die Gesellschaft hat, zu ergründen.

Die Gründe für die Skepsis gegenüber einer eigenständigen Störungsdiagnose sind vielfältig, möglicherweise ist aber die hohe Komorbiditätsrate mit anderen Störungen im Falle einer »komplizierten Trauerreaktion« der Grund für die ablehnende Haltung[63]. Trotz der unklaren diagnostischen Situation ist es unbestritten, dass Trauer pathologische Züge annehmen kann und eine psychologische Intervention angezeigt ist.

Eine komplizierte Trauerreaktion wird oft durch traumatische Umstände begünstigt. Ein Trauma wird von der WHO[64] wie folgt definiert:

»Kurz- oder lang anhaltendes Ereignis oder Geschehen von außergewöhnlicher Bedrohung mit katastrophalem Ausmaß, das nahezu bei jedem tiefgreifende Verzweiflung auslösen würde«.

---

61 Horowitz et al., 1997
62 beide Angaben von Jacobs, 1999
63 siehe auch Simon et al., 2007
64 WHO, 2006

Traumatische Ereignisse, die zu psychischen Beeinträchtigungen führen können, werden häufig in folgende Kategorien unterteilt:

a) durch Menschen willentlich verursacht (»man made«), z. B. Vergewaltigung, Raubüberfälle, Geiselnahmen, Krieg, Folter und Inhaftierung,
b) Katastrophen (»nature made«) und Unfalltraumen, z. B. Naturkatastrophen, Giftgaskatastrophen, Verkehrsunfälle,
c) sonstige, wie z. B. lebensbedrohliche Krankheiten.

Nach Maercker[65] zeigt sich ein psychisches Trauma durch folgende Symptome:

1. Intrusionen bzw. Symptome sich aufdrängender belastender Erinnerungen (z. B. Flashbacks, Albträume)
2. Vermeidungssymptome (z. B. Vermeidung von Situationen)
3. Anhaltende subjektive Bedrohungssymptome (z. B. erhöhte Schreckhaftigkeit).

Versuche, verschiedene Ereignisse in »Traumakategorien« einzuteilen, zeigen im Allgemeinen, dass »man-made«-Ereignisse schlimmere Folgen haben als solche, die als »Schicksal« wahrgenommen werden, wie etwa Naturereignisse. Eine Vergewaltigung löst bei mehr als der Hälfte der Betroffenen eine typische Störung aus, Feuer oder Naturkatastrophen nur bei etwa 5 % aller Betroffenen.[66]

In der Berner Untersuchung zum Kindstod erhielten die betroffenen Eltern einen Fragebogen zur Erfassung posttraumatischer Symptome. Die typischen Symptome der posttraumatischen Belastungsreaktion sind einerseits ein erhöhtes Maß an Schreckhaftigkeit, dazu kommen Symptome, welche die Verarbeitung des Traumas im Gedächtnis betreffen – sogenannte Intrusionen oder unwillkürliche und nicht kontrollierbare einschießende »Erinnerungen« – und als drittes Symptom eine allgemeine Vermeidungstendenz. Die verwaisten Eltern gaben unauffällige Vermeidungswerte, gleichzeitig jedoch auffällig hohe Werte für Intrusionen an.

---

65 Maercker, 2022
66 Maercker, 1997

Diese Intrusionen stellen eine hohe Belastung dar, konfrontieren sie doch die darunter Leidenden immer wieder mit dem Verlust oder mit Gefühlen und Gedanken, die mit dem verstorbenen Kind assoziiert sind, ohne dass diese ihre Gefühle kontrollieren können. Die Intrusionen können auch den Charakter einer beinahe halluzinatorischen »Wirklichkeit« annehmen, beispielsweise wird die Stimme des verstorbenen Kindes gehört. Auch wenn typische Symptome der posttraumatischen Belastungsreaktion in der Trauer nicht im gleichen Ausmaß vorhanden sind, z. B. die typische Schreckhaftigkeit oder das Meiden bestimmter Situationen oder Orte, die mit dem Trauma verbunden sind, so können die Intrusionen doch dazu führen, dass die Betroffenen sich immer mehr zurückzuziehen und der neuen Wirklichkeit ohne den geliebten Menschen mit Misstrauen und Angst begegnen.

In der gleichen Untersuchung zeigte sich, dass Eltern, deren Verlust schon länger als drei Jahre zurückliegt, auch von weniger Intrusionen berichteten. Dies lässt vermuten, dass Intrusionen Teil des Adaptionsprozesses sind und mit der Zeit tatsächlich abnehmen und dass die Trauer auf diese Weise ins autobiographische Gedächtnis integriert wird. Was aber, wenn dieser Adaptionsprozess nicht gelingt, wenn die Integration misslingt? Kennen wir die Faktoren, die eine Trauerverarbeitung behindern? Für eine ganze Reihe von Störungen spielt das Vermeiden eine zumindest aufrechterhaltende Rolle; es ist zu prüfen, ob dies auch im Fall einer komplizierten Trauer zutrifft. Dazu später mehr.

Einfache vs. komplizierte Trauerreaktion: Trauer kann als »Modell« eines psychischen Traumas begriffen werden.

Bei sehr intensiver Trauer können emotionale und somatische Regulationsvorgänge nachhaltig gestört sein. Dies beeinträchtigt die adaptive Funktion des emotionalen Erlebens; Trauernde verhalten sich in sozialen

Kontexten deshalb nicht immer situationsadäquat. Langfristig kann dies zu psychischen und somatischen Störungen führen. Eine Komplizierung der Trauer kann sowohl durch externe als auch personale Umstände erfolgen.

Die Unterscheidung der einfachen von der komplizierten Trauerreaktion lässt sich aus der Tabelle 1 entnehmen; dort sind die vorherigen Ausführungen zusammengefasst.

Tab. 1: Schematischer Vergleich zwischen einer einfachen und einer komplizierten Trauerreaktion in den Dimensionen Verlauf, Symptomatik, physische Gesundheit und soziale Folgen (nach Znoj, 2016)

	einfache Trauerreaktion	komplizierte Trauerreaktion
Verlauf	Allmähliche Anpassung an die neue Realität, vergleichsweise abnehmende Intensität der gefühlten Trauer. Anpassung an neue Wirklichkeit ohne die verstorbene Person gelingt.	Starke, impulsive emotionale Reaktionen wie Wut, Schuldgefühle und Angst. Manchmal verzögerte Trauerreaktion. Keine kontinuierliche Abnahme der Trauerintensität. Die Trauer wird oft nicht als Traurigkeit erlebt. Anpassung an neue Wirklichkeit gelingt nicht.
Symptomatik	Trauerreaktion mit Rückzug und häufigem Weinen. Der Ausdruck der Trauerreaktion ist stark von kulturellen Normen geprägt.	Selbstschädigendes Verhalten, Panikattacken, depressive Reaktion, exzessive Reizbarkeit, anhaltende und häufige Intrusionen, Gefühl innerlicher Leere und allgemeiner Sinnlosigkeit.
Gesundheit	Langfristig keine gesundheitlichen Folgen.	Schlaf- und Essstörungen, erhöhte Anfälligkeit für Infektionserkrankungen.
soziale Folgen	Kurzfristig Rückzug aus dem gewohnten sozialen Umfeld, langfristig keine negativen Folgen.	Vernachlässigung des sozialen Netzes, Einbußen im Bereich des beruflichen Funktionierens, Vereinsamung.

Diagnostik der komplizierten Trauer

Das Bemühen um eine Unterscheidung der einfachen Trauer gegenüber Trauerformen, die die normale Trauer übersteigen und für die Betroffenen langfristig negative Auswirkungen auf die Lebensqualität haben, ist umso wichtiger, als es bisher keine schlüssigen Therapiekonzepte gibt, welche die normale Trauerreaktion selbst nachhaltig beeinflussen[67]. Je eher die Trauer einen pathologischen Charakter aufweist, Formen posttraumatischer Reaktionen annimmt oder in eine Depression oder eine andere psychische Erkrankung mündet, desto wirksamer sind therapeutische Ansätze. Eine möglichst frühzeitige Unterscheidung der einfachen gegenüber der komplizierten Trauerform ist deshalb ein zentrales Anliegen klinischer Grundlagenforschung.

Zu dieser Unterscheidung schlagen Horowitz, Siegel, Holen und Bonanno[68] sowie Jacobs[69] je eine eigene Definition vor. Beide Vorschläge halten sich an das Format des »Diagnostic and Statistical Manuals of Mental Disorders« (DSM). Bisher enthält das DSM, wie bereits erwähnt, erst eine vorläufige Diagnose für eine Trauerstörung; die wichtigsten in Frage kommenden Klassen sind: affektive Verstimmungen, Angststörungen (besonders die Posttraumatische Belastungsstörung 309.81) oder Anpassungsstörungen (309.0; 309.24 und 309.28). Letztere dürften für die meisten komplizierten Trauerreaktionen die richtige Diagnose darstellen (emotionale Symptome oder Verhaltensauffälligkeiten, die als Reaktionen auf einen identifizierbaren Belastungsfaktor innerhalb von drei Monaten nach Beginn auftreten). Für die Internationale Klassifikation psychischer Störungen der Weltgesundheitsorganisation in der aktuellen Fassung (ICD-10)[70] sind die am ehesten in Frage kommenden Kategorien F43.2 (Anpassungsstörungen), F43.1 (Posttraumatische Belastungsstörung) oder, falls der Trauerfall mehr als sechs Monate zurückliegt, auch affektive Störungen, besonders F34.1 (Dysthymia).

---

67 Schut, Stroebe, van den Bout & Terheggen, 2001
68 Horowitz, Siegel, Holen & Bonanno, 1997
69 Jacobs, 1999
70 WHO, ICD-10, 2006

Allerdings stellt gerade die einfache Trauerreaktion ein Ausschlusskriterium für eine Anpassungsstörung nach DSM dar. Deshalb sind Kriterien notwendig, die eine einfache oder natürliche Trauerreaktion von einer komplizierten Trauerreaktion zu unterscheiden vermögen. Dies sind vor allem spezifische Symptome, die sich mit einer unüblich starken Trauerreaktion verbinden und zudem über einen langen Zeitraum anhalten. Im ersten Vorschlag nach Horowitz und Mitarbeitern[71] muss der Trauerfall mindestens 14 Monate zurückliegen und betrifft den Tod des Gatten oder der Gattin, eines nahen Verwandten oder eines Intimpartners. Folgende Symptome müssen mit einer hohen Intensität vorliegen, damit überhaupt von komplizierter Trauer gesprochen werden kann:

intrusive Phänomene wie

- intrusive Fantasien, ungewollte Gedanken, die die Beziehung mit dem oder der Verstorbenen zum Inhalt haben,
- Erinnerungsattacken oder emotionale Schübe (»spells«) in Bezug auf die Beziehung mit der verstorbenen Person,
- ein äußerst starkes Verlangen oder der Wunsch, dass die verstorbene Person anwesend sei.

Anzeichen von Vermeidung und Anpassungsprobleme:

- das Gefühl, zu stark allein oder innerlich leer zu sein,
- exzessives Meiden anderer Personen, von Plätzen oder Aktivitäten, die mit der verstorbenen Person in Verbindung standen,
- unüblich starke Schlafschwierigkeiten,
- Verlust des Interesses an Arbeit, sozialen Aktivitäten, Erziehung und sozialen Verpflichtungen in einem »maladaptiven« Ausmaß.

Damit die Diagnose gestellt werden kann, müssen mindestens drei der sieben Symptome in den letzten drei Monaten täglich mit einer Intensität aufgetreten sein, die das alltägliche Funktionieren beeinträchtigen. Zu bemerken ist hierzu, dass viele dieser Symptome während der Trauerphase

---

71 Horowitz et al., 1997

häufig vorkommen und nicht unbedingt Anzeichen einer psychischen Störung darstellen. Erst wenn diese Symptome zu intensiv, zu lange und unverändert auftreten, erfüllen sie die oben genannten Kriterien.

Horowitz und Mitarbeiter zeigten, dass sich ihre Definition einer komplizierten Trauer gegenüber anderen Diagnosen, hauptsächlich gegenüber der Depression, abgrenzen lässt. Insbesondere werden Intrusionen, trauerspezifische Vermeidung und die Unfähigkeit, nach dem Verlustereignis wieder zum Alltag zurückzukehren, als differenzialdiagnostische Kriterien aufgeführt. Jacobs und Mitarbeiter[72] präsentierten einen Diagnosevorschlag für traumatische Trauer, der in vieler Hinsicht dem Vorschlag von Horowitz und Mitarbeitern ähnlich ist, sich aber vom Ersteren hauptsächlich bezüglich des kürzer gefassten Zeitkriteriums unterscheidet. Zur Begründung wird aufgeführt, dass kostbare Zeit für therapeutische Interventionen verloren ginge, wenn erst einmal 14 Monate verstreichen müssten. Jacobs und Prigerson nahmen deshalb einen Zeitraum von zwei Monaten als genügend an. Im DSM-5 wurden die Überlegungen dieser Forschungsgruppen implementiert und die Forschungsdiagnosen für die Aufzählung von Symptomen für eine anhaltende komplexe Trauerreaktion weitgehend übernommen. Die Kriterien für eine anhaltende komplexe Trauerreaktion nach DSM-5 sind im folgenden Kasten aufgeführt.

Symptome der persistierenden komplexen Trauerreaktion nach DSM-5

1. **Fortbestehende Sehnsucht/Verlangen nach dem Verstorbenen**
2. **Intensive Sorge und emotionaler Schmerz als Reaktion auf den Todesfall**
3. **Gedankliches Verhaftetsein mit dem Verstorbenen**
4. **Übermäßige Beschäftigung mit den Umständen des Todesfalles**
5. Beträchtliche Schwierigkeiten, den Tod zu akzeptieren

---

[72] Jacobs, 1999

6. Unglaube oder emotionale Taubheit über den Verlust
7. Schwierigkeiten, positive Erinnerungen an den Verstorbenen zuzulassen
8. Bitterkeit oder Ärger über den Verlust.
9. Dysfunktionale Bewertungen der eigenen Person in Bezug auf den Verstorbenen oder seinen Tod (z. B. Selbstvorwürfe)
10. Übermäßiges Vermeiden von Erinnerungen an den Verlust
11. Der Wunsch zu sterben, um bei dem Verstorbenen zu sein
12. Schwierigkeiten, anderen Personen seit dem Todesfall zu vertrauen
13. Sich seit dem Todesfall einsam oder von anderen Personen abgetrennt zu fühlen
14. Das Gefühl, dass das Leben ohne den Verstorbenen sinnlos und leer ist, oder der Glaube, dass man nicht mehr ohne den Verstorbenen funktionieren kann
15. Verunsicherung über die eigene Rolle im Leben oder eine verminderte Wahrnehmung der eigenen Identität
16. Schwierigkeiten oder Widerwillen, seit dem Verlust Interessen zu verfolgen oder Zukunftspläne zu entwickeln

Die ersten vier Symptome sind die Leitsymptome. Dabei sollte nach dem DSM-System nicht von einer persistierenden Trauerreaktion gesprochen werden, wenn diese Symptome weniger als 12 Monate zurückliegen. Zugleich ist wie schon erwähnt, der Verlust einer nahestehenden Person nicht länger ein Ausschlusskriterium für die Diagnose einer Majoren Depression. Im Fall der kommenden ICD-11 Revision wird man von einem Sechs-Monats-Kriterium ausgehen. Die Trauerreaktion muss ausgeprägter und länger sein, als gesellschaftliche oder kulturelle Normen dies erwarten lassen und zudem zu deutlicher Beeinträchtigung des persönlichen Funktionierens führen.

Differenzialdiagnostische Aspekte

Die Nähe von Trauer zur Reaktion nach einem psychischen Trauma legt es nahe, die Trauer vom psychischen Trauma abzugrenzen. Obwohl die Symptome ähnlich benannt werden, unterscheiden sich die individuellen

Erfahrungen doch grundsätzlich. Nach Maercker und Znoj[73] lassen sich beide Störungsformen wie folgt unterscheiden:

Tab. 2: Gemeinsamkeiten und Unterschiede von komplizierter Trauer (KT) und Posttraumatischer Belastungsstörung (PTB) (nach Maercker & Znoj, 2010)

	KT	PTB
Hauptsymptomatik	Symptome des Sich-Sehnens und Verlangens nach der verstorbenen Person	intrusive Symptome wie ungewollte Empfindungen oder »Flash-backs«
erste zusätzliche Symptomgruppe	Vermeidungs- und Taubheitssymptome	Vermeidungs- und Taubheitssymptome
zweite zusätzliche Symptomgruppe	Unfähigkeit, sich der neuen Situation anzupassen	Übererregungssymptome/ Schreckhaftigkeit
minimale Dauer der Symptomatik	6 Monate	1 Monat

Zusammenfassend ist den beiden Störungen der veminderte Affekt und ein ausgeprägtes Vermeidungsverhalten, insbesondere das Verdrängen von Gefühlen und Gedanken, die mit dem Trauma respektive der verstorbenen Person zusammenhängen, gemeinsam. Eine weitere Gemeinsamkeit ist das Wiedererleben einzelner Bestandteile des Verlustes beziehungsweise des Traumas in Form von intrusiven Gedanken und sensuellen Erfahrungen. Hingegen finden sich bei Fällen komplizierter Trauer keine Schreckreaktionen und, aber das ist weniger gut belegt, auch geringere Schlafschwierigkeiten als bei der Posttraumatischen Belastungsstörung.

Auch von einer Depression oder depressiven Symptomatik lässt sich eine extreme Trauerreaktion abgrenzen. Die Symptome sind sowohl vom Inhalt als auch von der erlebten emotionalen Qualität her von der Hauptsymptomatik deutlich von der depressiven Reaktion oder der Majoren Depression (MDD) unterscheidbar, nicht aber bezüglich der beiden zusätzlichen Symptomgruppen. Sowohl die Anpassungsschwierigkeiten

---

73 Maercker & Znoj, 2010

als auch die Vermeidungssymptome inklusive der emotionalen Taubheit kommen bei beiden Störungen vor.

Insgesamt wird die Komorbidität einer komplizierten Trauerreaktion mit anderen psychischen Störungen als sehr hoch eingeschätzt. Die Untersuchung von Simon und Mitarbeitern[74] stellt die Komorbidität von komplizierter Trauer (erfasst mittels der Kriterien von Jacobs und Mitarbeitern) zusammen (▶ Tab. 3).

Tab. 3: Prävalenzen und Korrelate von Komorbidität psychischer Störungen bei vorliegender komplizierter Trauer (nach Simon et al., 2007)

komorbide Störung	aktuell %	lifetime %
Majore Depression (MDD)	55,3	71,8
Posttraumatische Belastungsstörung (PTB)	48,5	52.9
Panikstörung	13,6	21,8
Agoraphobie ohne Panik	1,0	1,0
Generalisierte Angststörung (GAD)	18,5	N/A
Soziale Phobie	7,8	13,1
Zwangsstörung (OCD)	6,3	6,8
irgendeine Angststörung	62,6	69,4
irgendeine Störung	75,2	84,5

Neben den ausführlich erwähnten Kriterienkatalogen existiert eine Reihe von Fragebögen, allen voran das Texas Revised Inventory of Grief von Faschingbauer[75], welches von mir adaptiert wurde und in deutsche Sprache vorliegt[76]. Es umfasst die bekannten Symptome intensiver Trauer, erlaubt aber keine Diagnose für komplizierte Trauer. Weitere Instrumente wurden vor allem von Prigerson und Mitarbeitern publiziert; diese halten sich eng

---

74 Simon et al., 2007
75 Faschingbauer, 1981
76 Znoj, 2008

an die Definition von komplizierter Trauer nach der Arbeitsgruppe um Jacobs.

Ist die Diagnose komplizierte oder anhaltende Trauerreaktion gerechtfertigt?

Die mit der Überschrift mitgedachte Frage lautet: Was hält die Trauer aufrecht, was lässt sie nicht vergehen? Sicher ist die Komorbidität mit einer möglicherweise schon bestehenden psychischen Störung oder zumindest die Vulnerabilität, eine solche zu entwickeln, zu nennen. Die Gründe für eine komplizierte oder chronische Entwicklung liegen jedoch in der Trauer selbst, in den Symptomen der Trauerreaktion. Eine Störungsgruppe, die die komplizierte Trauer sowohl mit der Posttraumatischen Belastungsstörung als auch mit der Depression teilt, sind die Vermeidungs- und Taubheitssysmptome. Es lässt sich zeigen, dass ein vermehrtes Auftreten dieser Symptomatik entscheidender für eine Chronifizierung ist als die Intensität der übrigen Symptome. Anhand eines vorhandenen Datensatzes der Längsschnittuntersuchung der Horowitz-Gruppe, bei der zu drei Messzeitpunkten (2 Monate, 14 und 25 Monate nach Verlust) verschiedene Maße der psychischen Belastung, Symptomatik und Verarbeitung an verwitweten Personen erhoben wurden, ergab sich die Möglichkeit, den Verlauf dieser Symptommaße über die Zeit zu verfolgen. Die Diagnose »komplizierte Trauer« stand gemäß den entwickelten Diagnosekriterien nach 14 Monaten fest und wurde nach 25 Monaten nochmals überprüft. Was unterscheidet also die Gruppe der kompliziert Trauernden von denjenigen, die »normal« trauern? Nun, es fällt auf, dass in sämtlichen Symptommaßen die mit »komplizierter Trauer« diagnostizierten Witwen und Witwer zu allen Zeitpunkten gegenüber den übrigen Trauernden erhöhte Werte aufwiesen. Als Beispiel dafür sehen wir die Trauersymptomatik, erhoben durch den TRIG (Texas Revised Inventory of Grief), in der Abbildung 9.

Einen abweichenden Verlauf nimmt nur die Symptomgruppe der Vermeidungs- und Taubheitssymptome. Nur hier sehen wir statt einer stetigen Abnahme für die Gruppe der »komplizierten Trauer« innerhalb eines Jahres eine Zunahme von Vermeidungssymptomen! Erst im Verlauf vom

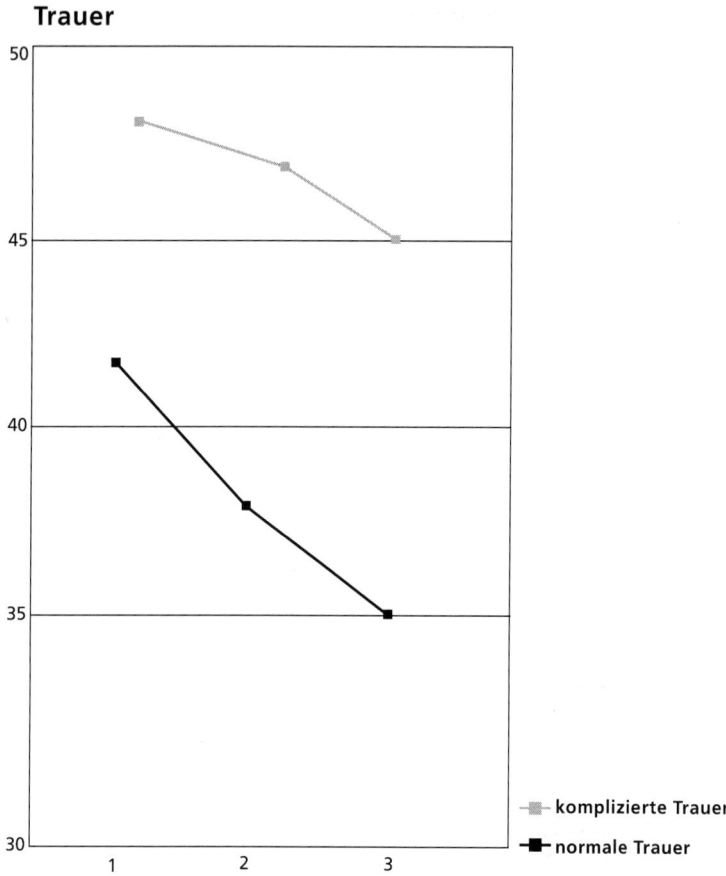

Abb. 9: Kompliziert Trauernde weisen über alle Messzeitpunkte (2, 14 und 25 Monate nach Verlust) deutlich erhöhte Werte in der Symptomatik auf. Für beide Gruppen gilt, dass die Symptomatik der Trauersymptome (wie auch für Intrusionen und Depression) konstant abnimmt.

zweiten zum dritten Zeitpunkt nimmt auch in dieser Gruppe die Vermeidung wieder ab, allerdings erreicht sie auch nach zwei Jahren lediglich das Anfangsniveau. Gerade hinsichtlich des Befundes, dass alle übrigen Symptome zwar gegenüber den »normal« Trauernden erhöht sind, aber ebenfalls stetig abnehmen, ist dieser Anstieg der Vermeidungssymptome bemerkenswert und gibt möglicherweise über einen die Trauer aufrechterhaltenden Mechanismus Aufschluss. Die Abbildung 10 zeigt diesen »kurvilinearen« Verlauf.

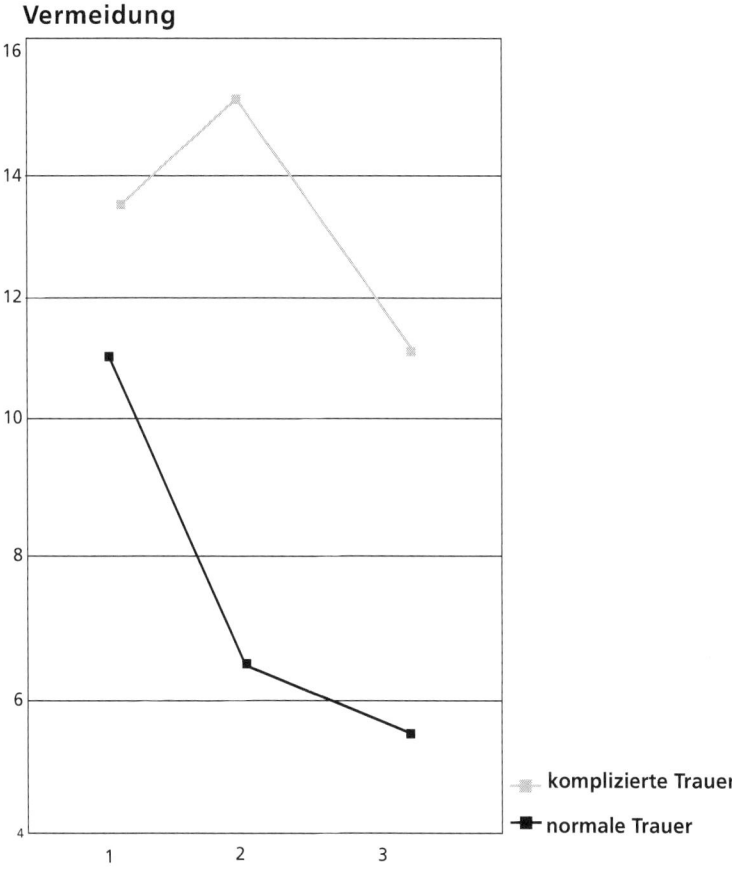

Abb. 10: Der kurvilineare Verlauf (Anstieg zum zweiten Zeitpunkt) von Vermeidungs- und Betäubungssymptomatik der Gruppe mit komplizierter Trauer gegenüber dem stetig abfallenden Verlauf in der Gruppe der »normal« Trauernden.

Berücksichtigen wir, dass für eine Minderheit der Trauernden der Trennungsschmerz und die damit zusammenhängende Symptomatik offensichtlich weit intensiver ist als für andere, so ist zunächst plausibel, dass der Schmerz so weit reguliert werden muss, dass ein Funktionieren innerhalb des gesellschaftlich vorgegebenen Rahmens noch möglich ist. Gelingt dies nur unzureichend, kommt es vermehrt zu dysfunktionalen emotionalen Zuständen (Angst/Panik oder unkontrolliertem Weinen), die als zusätzliche Belastung empfunden werden. Wird der Schmerz zu groß, fangen wir entweder an zu dissoziieren (»außer sich sein«), oder wir versuchen, den Schmerz zu umgehen, indem wir Tätigkeiten vermeiden, welche mit dem Schmerz in Verbindung stehen. Genau dies geschieht in der Gruppe der kompliziert trauernden Personen: Die anfänglich vorhandenen Vermeidungsstrategien werden intensiviert. Es ist weiter anzunehmen, dass solche Strategien wenigstens teilweise erfolgreich sind, denn auch in dieser Gruppe nehmen die übrigen Symptome an Intensität ab. Es könnte aber auch sein, dass dieses Vermeidungsverhalten nicht bei allen zu einer Verbesserung des Zustandes führt, sondern dass gerade dadurch die Trauer unverarbeitet bleibt. Das Vermeiden bestimmter Aspekte des Verlustes wird mit einem reduzierten Trauerschmerz »belohnt«, wobei die Gefahr besteht, dass somit die Trauerarbeit leidet und sich eine Komplizierung der Trauer mit möglicherweise komorbiden Störungen anbahnt. Dies wird durch Überlegungen begünstigt, die einerseits der Vermeidung dienen, andererseits aber auch erneut belastende Gefühle auslösen können. Ganz typische Gedankengänge sind, dass man sich selbst für das Geschehene verantwortlich hält oder dass man meint, es sei »unrecht«, sich von der Trauer abzulenken.

Halten wir fest:

- Nach dem allgemeinen Stressmodell kann die traumatische Trauer als eine Intensivierung der mit der Trauer verbundenen Reaktionen (emotional, kognitiv, somatisch) betrachtet werden.
- Der »normale« Verlauf der Trauer erfolgt über folgende »Phasen«: Schock – nicht wahrhaben wollen, emotionaler Aufschrei und Dysregulation, klares Schmerzempfinden und Trauer → »Verarbeitung, Trauerarbeit«.

- Die Komplizierung der Trauer findet über weitere Stufen statt: Mit dem Schmerz kommt es zu dysfunktionalen Kognitionen, die wiederum schmerzhafte emotionale Reaktionen auslösen → es resultiert eine Verstärkung des Verlusterlebens.
- Die Verarbeitung gelingt nicht adaptiv, sondern über problematische Bewältigungsstrategien (Vermeidung und Verleugnung), was paradoxerweise vermehrte Intrusionen zur Folge hat.

Durch die Vernetzung von dysfunktionalen Kognitionen und Trennungsschmerz, Angst oder gar Ärger kommt es allmählich zu einer immer stärker gebahnten Reaktionsschlaufe im Sinne eines aktivierten Schemas. Dieses Schema ist das Produkt eines Aufschaukelungsprozesses einer ursprünglich natürlichen Trauerreaktion, die aber dysfunktionale Kognitionen, problematische Wahrnehmungsprozesse und emotionale Fehlfunktionen beinhaltet. Es wird durch bestimmte, mit dem Verlust assoziierte Auslöser »getriggert« und kann nicht willentlich kontrolliert werden. Die Abbildung 11 illustriert diesen Aufschaukelungsprozess (Teufelskreis) der Trauer[77].

Zusammenfassend kann festgehalten werden, dass wie bei den meisten psychischen Störungen die Verletzung eines Grundbedürfnisses die Ursache des Stresserlebens darstellt (hier Bindung und Sicherheit). Bei der komplizierten Trauer kommen möglicherweise weitere Beeinträchtigungen von zentralen Bedürfnissen dazu: häufige Komorbiditäten sind Angststörungen (Panik) und Depression. Dies lässt auf Verletzungen der Grundbedürfnisse nach Sicherheit und Kontrolle schließen. Wie bei den Angststörungen die Angst lässt sich die komplizierte Trauerreaktion als dysregulierte Emotion der Traurigkeit deuten. Bei der Trauer ist es vor allem auch der Trennungsschmerz, der nicht ausgehalten wird (zu stark) und deshalb auch oft vermieden wird. Durch Fehlregulation wird der Trennungsschmerz zu einer eigendynamischen Störung (Schema) und analog zu einem »Flashback« in der Posttraumatischen Belastungsstörung (PTB) getriggert.

---

77 aus Znoj, 2016

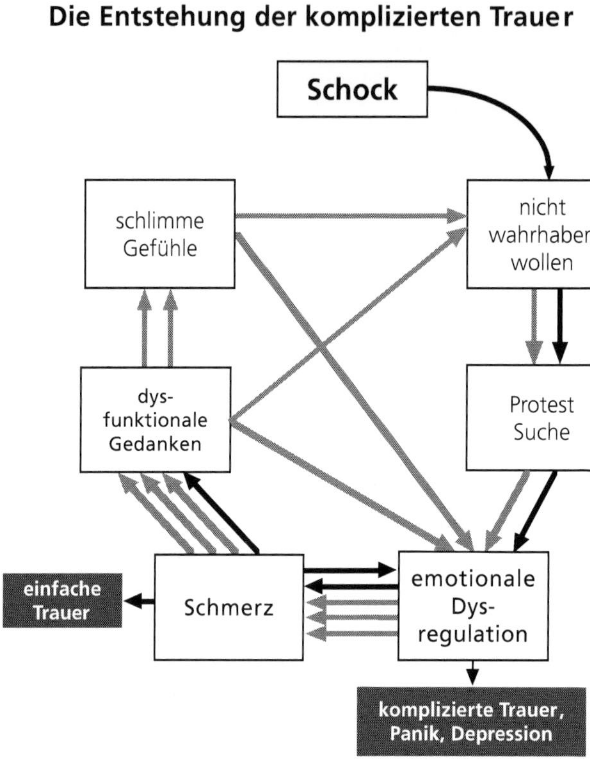

3. Vorlesung Trauer als Problem

Die Entstehung der komplizierten Trauer

[Diagramm: Schock → nicht wahrhaben wollen / schlimme Gefühle; Protest Suche; dysfunktionale Gedanken; einfache Trauer ← Schmerz ⇄ emotionale Dysregulation → komplizierte Trauer, Panik, Depression]

Abb. 11: Das Aufschaukelungsmodell der komplizierten Trauer (aus Znoj, 2016, S. 45). In dem Modell wird die komplizierte Trauer als »Schema« begriffen, welches durch bestimmte Auslöser aktiviert wird.

4. Vorlesung
Zur Wirksamkeit therapeutischer Vorgehensweisen

Für die Trauer besteht eine biologische Ausdrucksform (Weinen), und es existieren verschiedene gesellschaftliche Formate, um der Trauer in einer weiteren sozialen Umgebung Ausdruck zu verleihen. Wie die unmittelbare Furchtreaktion, die sogenannte »Fight or Flight«-Reaktion, den Organismus für kurze Zeit auf Höchstleistung bringt, kann die Trauerreaktion als biologisch angelegte Reaktion bei Verlusten von Bindungsfiguren (Partner, Eltern, Kind, Geschwister und andere nahestehenden Personen) betrachtet werden. Diese Personen stellen die Referenzpunkte im sozialen Leben dar und bilden damit eine Art »erweitertes Ich«, haben also eine identitätsstiftende Funktion. Der bleibende Verlust einer Bindungsfigur erzeugt nicht nur eine seelische Wunde, sondern beeinträchtigt in entscheidender Weise auch das biologische System, einschließlich der reduzierten Immunfunktion. Wie schon erwähnt, wird der Verlust oft körperlich erlebt, als »Amputation«. Wie der körperlich Erkrankte sucht auch der Trauernde Ruhe und Schutz vor Anforderungen und ist auf die Unterstützung durch Nahestehende angewiesen.

Therapie der (komplizierten oder anhaltenden) Trauerreaktion

»*Thus it must be stated ... that there can be no justification for routine intervention for bereaved persons in terms of therapeutic modalities – either psychotherapeutic or pharmacological – because grief is not a disease*«.[78]

Das Zitat von Raphael und Mitarbeitern ist eindeutig in seiner Aussage: Es gibt keine Rechtfertigung für Routineinterventionen bei Trauernden, weder für pharmakologische noch psychotherapeutische Formen – weil Trauer keine Erkrankung ist. Mit anderen Worten: Bei einem normalen Trauerverlauf ist eine psychologisch-psychotherapeutische oder biologische Intervention nicht nur nicht notwendig, sondern unter Umständen schädlich, vor allem aber unnütz.

Nach wissenschaftlichen Befunden lässt sich die Trauerreaktion nicht abkürzen. Allgemeine Trauerinterventionen sind unwirksam oder können sogar negative Effekte bewirken. Für viele von uns sind dies schlechte Nachrichten, aber stimmt diese Aussage wirklich? Im Jahr 2005 titelte der »Daily Telegraph«: »Grief counselling a waste of time, say psychologists«[79]. Tatsächlich häuften sich zu diesem Zeitpunkt Studien, die keine oder nur eine äußerst geringe Wirksamkeit von psychologisch-psychotherapeutischer Intervention bei Trauer feststellten.

In der Wissenschaft hat sich ein Verfahren etabliert, das sich Meta-Analyse nennt. Dabei handelt es sich um eine Methode, die dazu dient, vorliegende empirische Untersuchungen zusammenzufassen und so die Effekte einer experimentellen Intervention quantitativ zu erfassen. Üblicherweise basieren solche Meta-Analysen auf experimentellen Studien, in denen Interventionsgruppen mit einer Kontrollgruppe verglichen werden. Die Ergebnisse solcher Studien werden mit Statistiken angegeben, die Rückschlüsse auf die Effekte erlauben. Diese Effekte werden entweder mit Abweichungen einer Standardverteilung oder mit Korrelationskoeffizien-

---

78 Raphael, Minkov & Dobson, 2001
79 Persaud, R., The Daily Telegraph, 4. Juni 2005

ten angegeben, respektive von den Autoren einer Meta-Analyse über die eingeschlossenen Studien hinweg berechnet. Meta-Analysen erlauben somit über viele Studien hinweg eine einheitliche Metrik und damit eine Abschätzung eines »wahren« Effekts. Sie stellen die Grundlage sogenannter »evidenzbasierter« Verfahren in der Medizin und Psychologie dar. Ein grundsätzlicher Nachteil solcher Meta-Analysen soll hier aber nicht verschwiegen werden: Durch den einheitlich gemachten Maßstab wird kaschiert, dass es sich bei den angewendeten Interventionen oft um grundverschiedene Verfahren handelt. In einer Meta-Analyse wird nun so getan, als ob alle möglichen Interventionen – um ein Beispiel zu nennen: individuelle psychologische Arbeit mit dem Arbeitnehmer, Gruppeninterventionen oder Beratungen über berufliche Aufstiegsmöglichkeiten – dasselbe sind. Dazu kommt, dass die eruierten Effekte einer Studie vom ursprünglich gewählten Messverfahren abhängig sind. Damit ist gemeint, dass die Effekte höchst unterschiedlich ausfallen, je nachdem, welche Methode gewählt wird. Als Beispiel betrachten wir den Effekt von psychologischem »Coaching« hinsichtlich des beruflichen Fortkommens. Wenn ich als Forscher das erzielte Einkommen (selbstverständlich wird das ursprüngliche Einkommen berücksichtigt) als Indikator für das berufliche Fortkommen (oft als »abhängige« Variable bezeichnet) annehme, werde ich andere Effekte erzielen, als wenn ich die Zufriedenheit mit dem beruflichen Umfeld oder eine unspezifische Variable wie »Durchsetzungsfähigkeit« auswähle. Für Studien, welche psychologische Interventionen (Psychotherapie) bei Trauer untersuchen, gelten diese zwei fundamentalen Einwände gegenüber Meta-Analysen ebenfalls. In einem gewissen Sinn werden »Äpfel mit Birnen« verglichen. Dennoch erlaubt diese Betrachtungsweise auf einem höheren Abstraktionsniveau (deshalb Meta-Analyse) die Wirkungsweise von bestimmten Interventionen nüchterner und damit objektiver einzuschätzen.

Seit jüngster Zeit existieren nun auch verschiedene Meta-Analysen für Trauer. Diese will ich kurz zusammenfassen.

Kato und Mann[80] verwendeten für ihre Meta-Analyse nur randomisierte, kontrollierte Studien. Dies ist wichtig, weil die Belastung durch einen Verlust in der Regel mit der Zeit abnimmt. Studien ohne Kon-

---

80 Kato & Mann, 1999

trollgruppe (also Gruppen ohne Intervention), welche nur ein »Vorher-nachher«-Design aufweisen, werden einen Effekt haben, auch wenn die Intervention nichts nützt, einfach, weil eine Differenz zwischen den beiden Zeitpunkten festzustellen ist. Kontrolliert randomisierte Studien berücksichtigen dies und gewährleisten zudem, dass die Zuteilung zur Interventions- oder Kontrollgruppe rein zufällig erfolgt. Damit stellen diese Studien sicher, dass gefundene Effekte tatsächlich auf die Intervention und nicht auf andere Faktoren wie z. B. die verflossene Zeit zurückzuführen sind. Einschlusskriterien waren Studien, in denen Erwachsene ab 18 Jahren und Intervention nach dem Verlust untersucht wurden. Insgesamt erfüllten 13 Studien diese Eingangskriterien.

Wie oben schon erwähnt, wurden auch in der Meta-Analyse von Kato und Mann[81] »Äpfel mit Birnen« verglichen; die Therapiebedingungen für die Individualtherapien waren: Trauma-Desensibilisierung, psychodynamische Therapie, Hypnosetherapie, Krisenintervention, Familienkrisenintervention, nicht direktive Psychotherapie, Witwen-zu-Witwen-Programm. Die Kontrollgruppe bestand zumeist aus einer Wartebedingung. Ebenso waren die Therapiebedingungen für die Gruppenprogramme sehr unterschiedlich, nämlich: unterstützende Therapie, bewusstseinserweiternde Therapie, soziale Aktivitäten, kognitives Umstrukturieren, behaviorale Fertigkeiten (skills).

Die Ergebnisse dieser Meta-Analyse war ernüchternd: Drei von vier Individualtherapien erzielten kleine und inkonsistente Verbesserungen von somatischer Gesundheit und Stressreaktionen; nur eine von acht Gruppenuntersuchungen stellte einen Therapieeffekt zugunsten der Interventionsgruppe fest.

Alle Studien wiesen zahlreiche methodische Mängel auf. In den Worten von Kato und Mann[82]: »*Overall, the interventions were largely methodologically flawed, rarely specified what theory of bereavement they were testing, and showed surprisingly weak effect sizes.*«

Kato und Mann berechneten als Effektstärke den Wert von $d = .11$, was einem Zehntel einer Standardabweichung entspricht. Wenn wir annehmen, dass ein Verfahren den Intelligenzquotienten anheben würde, dann

---

[81] ebenda
[82] ebenda

entspräche dieser Wert genau 1.5 Punkten bei einem angenommenen Durchschnitt von 100. Das ist kleiner als der Wert der Tagesschwankung, die man aufweist, wenn man einen Intelligenztest absolviert. Also, nicht der Rede wert!

Zur gleichen Zeit publizierten Allumbaugh und Hoyt[83] ebenfalls eine Meta-Analyse. Die Autoren berücksichtigten aber im Unterschied zu Kato und Mann auch unpublizierte, nicht randomisierte sowie reine Prä-post-Studien. Insgesamt flossen 35 Studien in die Analyse ein, und es wurden über 2 200 Personen in die Meta-Analyse eingeschlossen. Über alle Effektmasse hinaus konnte eine moderate Verbesserung durch die Intervention berichtet werden ($ES = .43$). Durchschnittlich vergingen mehr als zwei Jahre, bis Patienten sich in eine Behandlung begaben. In den wenigen Studien mit Kontrollgruppen war der Effekt der Nicht-Interventionsgruppe unbedeutend. Im Gegensatz zu der Annahme, dass Trauersymptome mit der Zeit abnehmen würden, konnte in der Untersuchung von Allumbaugh und Hoyt keine spontane Remission festgestellt werden. Aus diesem Umstand folgerten die Autoren, dass die ermittelten Effektstärken mehr über die Studien selbst aussagten als über das Potenzial psychologischer Interventionen: »*Indeed, our analyses suggest that grief interventions with self-selected clients that begin within a few months of the loss are likely to be as effective or possibly even more effective than psychotherapy in general*«[84]. Der Widerspruch zur ersten Meta-Analyse ist eklatant und bedarf einer Erklärung: Wie kann es sein, dass Studien zu derart unterschiedlichen Schlüssen kommen? Neben den methodischen Aspekten, es wurden fast ausschließlich Prä-post-Daten analysiert, kann der unterschiedliche Befund auch darauf zurückgeführt werden, dass eher Trauernde mit Problemen behandelt wurden. Darauf lässt die eher lange zeitliche Lücke zwischen Verlustereignis und Therapiebeginn schließen.

Etwas mehr Licht ins Dunkel bringt die Meta-Analyse von Currier, Neimeyer und Berman[85]. Nur neun Jahre nach den ersten Meta-Analysen konnten 61 kontrollierte Studien zur psychologischen Intervention bei Trauerreaktionen eingeschlossen werden. Die Ergebnisse wurden einge-

---

83 Allumbaugh & Hoyt, 1999
84 ebenda, S. 378
85 Currier, Neimeyer & Berman, 2008

teilt in sogenannte »indizierte« Interventionsstudien mit komplizierten Trauerreaktionen und »Universal«- sowie »Selective«-Studien, die keine differenzielle Indikation bei Trauernden vorsahen. Nur fünf Studien hatten »indizierte« Patienten. Die Effektstärken in diesen fünf Studien entsprachen und übertrafen die Effektstärken der Meta-Analyse von Allumbaugh und Hoyt ($ES = .53$). Die »Universal«-Studien (N = 6) erzielten demgegenüber keine Effekte ($ES = .01$), die »Selective«-Studien (N = 25) eine Effektstärke von $ES = .14$. Der Befund bei der selektiven Gruppe besagt, dass selbst wenn Risiken wie traumatische Umstände vorliegen, eine Intervention nur sehr beschränkte Wirkung zeigt. Zu einem ähnlichen Schluss kommt auch die jüngste Meta-Analyse von Johanssen und Mtarbeitern[86]. Auch hier zeigte sich, dass Interventionen größere Effekte hatten, wenn der Zeitpunkt des Verlustes länger als sechs Monate zurücklag und die diagnostischen Kriterien für eine Störung erfüllt waren. Dieser Befund ist die Bestätigung einer theoretischen Betrachtung von Schut und Mitarbeitern[87], die sich in einer Art »Zwiebelmodell« der Interventionen bei Trauer darstellen lässt. Abbildung 12 zeigt dieses Zwiebelmodell.

Zusammenfassend kann damit festgehalten werden, dass eine generelle Wirksamkeit von psychologischen Interventionen bei Trauer aus Sicht der Wissenschaft keine Unterstützung findet. Auch bei Risikogruppen (plötzlicher Tod eines Angehörigen, Mord, Suizid, Tod eines Kindes) sind die Behandlungseffekte gering oder nur temporär wirksam. Hingegen weisen Studien, die ausschließlich kompliziert Trauernde untersucht haben, mindestens mittelstarke Effekte auf. Schut und Mitarbeiter[88] stellen einen positiven Zusammenhang von Schwierigkeiten im Trauerprozess mit der Effektivität von therapeutischen Maßnahmen fest. Sie richten sich damit gegen die oft vertretene Ansicht, dass allgemeine präventive Angebote gesundheitliche Folgen von Trauer mildern. In einer Untersuchung von 16 Primär-Interventions-Studien fanden die Autoren zudem teilweise gravierende methodologische Fehler. In einem Teil der betrachteten Studien zeigten sich sogar negative Effekte. Ähnliche Ergebnisse berichtete

---

86 Johannsen et al., 2019
87 Schut et al., 2001
88 ebenda

Wirksamkeit nach Trauergruppen

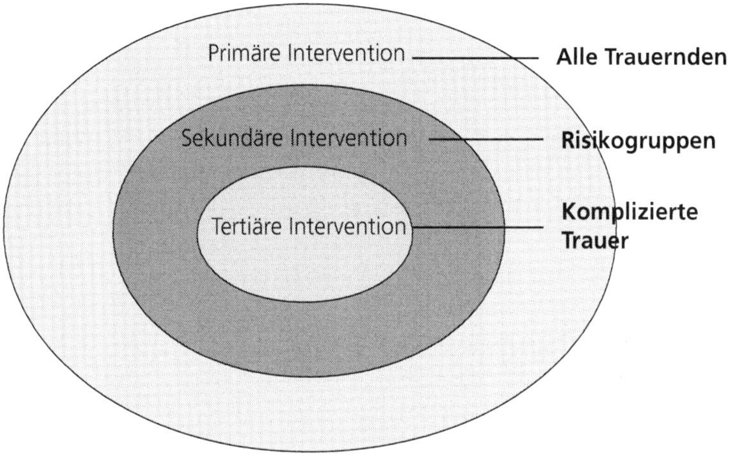

- Primäre Intervention — Alle Trauernden
- Sekundäre Intervention — Risikogruppen
- Tertiäre Intervention — Komplizierte Trauer

Abb. 12: Die Wirksamkeit therapeutischer Interventionen bei Trauer (nach Schut et al., 2001). Das »Zwiebelmodell« illustriert die Befunde der Meta-Analyse von Currier und Mitarbeitern (2008): Nur tertiäre Interventionen, Interventionen beim Vorliegen einer komplizierten Trauerreaktion, sind nachgewiesen wirksam. Interventionen bei Risikogruppen (»selective«) können in Einzelfällen sehr sinnvoll sein, insgesamt ist der Wirkungsnachweis aber bescheiden.

Neimeyer[89]: Die Effektstärke von 23 unspezifischen Interventionsstudien erhöhte sich um Faktor 3, wenn ausschließlich Studien berücksichtigt wurden, die Fälle mit komplizierter Trauer behandelten. Die ermittelte Effektstärke stieg von Cohens $d = .13$ auf $d = .39$.

Gibt es Hinweise auf eine differenzielle Wirkung verschiedener psychotherapeutischer Ansätze?

Über die Wirksamkeit der psychodynamischen Kurzzeittherapie bei Personen mit starker Trauer wurde schon früh berichtet.[90] Die anfänglich höher belastete Interventionsgruppe wies nach der Therapie eine ähnliche Symptomatik auf wie die Kontrollgruppe. Die Studie leidet allerdings

---

89 Neimeyer, 2000
90 Horowitz, Marmar, Weiss, DeWitt & Rosenbaum, 1984

unter verschiedenen methodischen Schwächen. In der Vergleichsstudie von Kleber und Brom[91] zeigte sich die klärungsorientierte Bedingung hinsichtlich *psychoneurotischer Symptome und Ängstlichkeit* als effektiver als die anderen Bedingungen. Als sehr wirksam haben sich die Expositionstherapien von Sireling, Cohen und Marks[92] und von Mawson, Marks, Ramm und Stern[93] oder Shear und Mitarbeitern[94] erwiesen. Kleber und Brom verglichen drei verschiedene Interventionsmethoden bei kompliziert Trauernden ($N = 83$). Die drei Bedingungen waren Trauma-Desensibilisierung, Hypnose-Therapie und psychodynamische Therapie. Alle Bedingungen erwiesen sich als wirksamer als die Kontrollbedingung, *die Trauma-Desensibilisierung zeigte aber die größten Effekte bezüglich trauerbedingter Intrusionen*. Die über alle drei Bedingungen erzielte Effektstärke betrug für posttraumatische Stress-Symptome Cohens $d = 1.20$; für die Trauma-Desensibilisierung belief sich die Effektstärke auf $d = 1.65$.

Vorläufiges Fazit für die Praxis

Für die verschiedenen Interventionen beim Vorliegen einer komplizierten Trauer zeichnet sich eine *differenzielle Indikation* ab. Überwiegt die Stress-Syndrom-Problematik (Intrusions-Vermeidung), scheint ein bewältigungs- und/oder traumaorientiertes Vorgehen wirksamer zu sein. Überwiegt dagegen eine ängstlich-unsichere oder konfliktmotivierte Problematik sind klärungsorientierte Interventionen empfehlenswert. Für viele Ansätze (interpersonale Therapie nach Klerman und Weissman, konstruktivistische Therapie nach Neimeyer, aufgabenorientierte Therapie nach Worden) existieren bislang keine kontrollierten Studien, die empirische Aussagen zur Effektivität erlauben, sie sind jedoch mit den Forschungsarbeiten zur

---

91 Kleber & Brom, 1987
92 Sireling, Cohen & Marks, 1988
93 Mawson, Marks, Ramm & Stern, 1981
94 Shear et al., 2005

psychologischen Verarbeitung kompatibel. Ein Vergleich der bisherigen Untersuchungen zeigt eine – jedoch aufgrund einer schmalen Datenbasis – vorläufige Überlegenheit konfrontativ-bewältigungsorientierter Vorgehensweisen auf. In den letzten beiden Jahren wurden mehrere kognitiv-verhaltenstherapeutische Therapien für komplizierte Trauer entwickelt[95]. Deren Wirksamkeit wurde in kontrollierten Studien nachgewiesen. Den verschiedenen kognitiv-verhaltenstherapeutischen Ansätzen liegt ein allgemeines Traumamodell zugrunde. Entsprechend fokussieren die therapeutischen Techniken auf dessen Vermittlung und auf das die Störung aufrechterhaltende ängstlich-depressive Vermeidungsverhalten. Kognitiv klärende Elemente dieses Ansatzes richten sich auf Schuldgefühle und »irrationale« Gedanken, die als Folge des Verlustes auftreten können. Auf die einzelnen Vorgehensweisen werde ich später noch detaillierter eingehen.

Suchen (kompliziert) Trauernde psychotherapeutische Hilfe?

Eine wichtige Frage lautet, ob Trauernde überhaupt therapeutische Hilfe aktiv aufsuchen. Die Befragung der Eltern, die ein Kind verloren hatten, deutete dahin (▶ 2. Vorlesung), dass Trauernde zuerst familiäre Unterstützung wollen, dann Unterstützung von Freunden, Kollegen und Seelsorgern. Psychotherapeutische oder ärztliche Hilfe wird nur selten in Anspruch genommen. Dagegen berichten Piper und Mitarbeiter[96], dass mehr als die Hälfte aller Patienten, die professionelle Hilfe für ihre psychischen Störungen suchten, in den letzten zehn Jahren einen oder gar mehrere signifikante Verluste durch Tod erlitten hatten. Tatsächlich ist die Komorbidität von komplizierter Trauer nach Simon und Mitarbeitern[97] sehr

---

95 z. B. Rosner et al., 2015
96 Piper et al., 2001
97 Simon et al., 2007

hoch; eine Darstellung der Überlappung zeigt, dass nur gerade ein Drittel aller kompliziert Trauernden komorbid keine Majore Depression oder eine Posttraumatische Belastungsstörung aufweisen (▶ Abb. 13).

Wer sucht weshalb Behandlung?

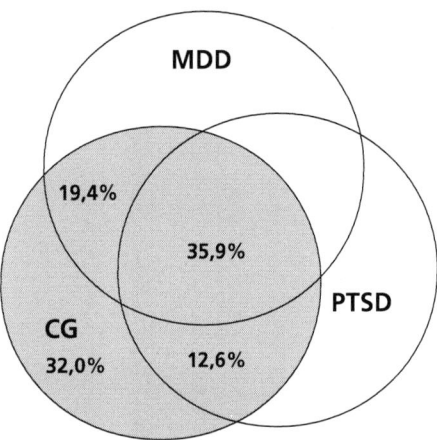

Abb. 13: Die Abbildung zeigt die Überlappung von komplizierter Trauer (KT) mit den Störungen Majore Depression (MD) und Posttraumatische Belastungsstörung (PTB) nach den epidemiologischen Schätzungen von Simon und Mitarbeitern (2007).

Schätzungen zufolge steckt hinter jeder dritten psychischen Störung eine komplizierte Trauerreaktion. Dies bedeutet für Therapeuten, dass es sich lohnen würde, routinemäßig nach Verlustereignissen zu fragen, weil ein unverarbeiteter Verlust, wie anhand des Inkongruenzmodells gezeigt, Motor für die Entstehung und Aufrechterhaltung psychischer Störungen sein kann.

Dazu möchte ich einen Fall vorstellen, die Panik des Herrn K.:

Auf Anraten des Hausarztes sucht ein gut aussehender Mann von etwa 30 Jahren die ambulante Psychotherapiestation auf. Er leidet unter unerklärlichen nächtlichen Panikattacken, was ihm umso seltsamer vorkommt, als in seinem Leben alles zum Besten steht. Seit sieben Jahren lebt er mit seiner jetzigen Frau zusammen; sie haben zwei kleine Töchter, die er über alles liebt. Er lernte seine Frau kennen, als er noch auf die Ingenieurschule ging. Nach seinen eigenen Aussagen sind sie sehr glücklich verheiratet. Durch die Heirat ist der Patient Mitbesitzer eines gut gehenden Geschäftes für Modedesign geworden. Dazu teilt er mit seiner Frau eine befriedigende Freizeitbeschäftigung; beide spielen leidenschaftlich gerne Golf.

Das erklärte Therapieziel ist, die Angst so schnell als möglich »wegzumachen«. Die Symptome schildert er als ein Todesgefühl, als ob er demnächst den Verstand verlieren würde. Auch die Tatsache, dass seine Frau anwesend ist, helfe ihm in diesen Momenten nicht. Er sei total blockiert, müsse erbrechen. Er wisse, dass Vermeiden keine Lösung sei, aber er versuche schon, sich abzulenken; zur Entspannung habe er autogenes Training gemacht. Diesen Sommer sei er nach einer solchen Attacke in ein Loch gefallen, er sei 14 Tage nicht daraus rausgekommen, was für ihn eine völlig neue Erfahrung gewesen sei. Er findet sich grundsätzlich optimistisch, habe auch sonst nie Probleme. Er könne sich nicht erklären, weshalb er plötzlich weinen muss, wenn er von der Arbeit heimkommt, und kämpft gegen das Gefühl an, niemanden mehr gern zu haben. Die jetzige Arbeit gefällt ihm sehr gut, auch wenn er den gelernten Beruf aufgeben musste. Er teilt sich die Arbeit im Betrieb mit seiner Frau, wobei er einen Teil der Hausarbeit übernimmt.

Neben den Panikanfällen ist ein quälendes »Grübeln« ein weiteres Problem. Der Patient gibt an, außer diesen spezifischen Problemen ein 100% glückliches Leben zu haben, und wünscht aus diesem Grund ein problemorientiertes, verhaltenstherapeutisch ausgerichtetes Vorgehen. Er will ausdrücklich nicht in seiner Vergangenheit »herumstochern«.

Im Laufe der Therapie offenbart sich das Grübeln vor allem als ein zwanghaftes Nachdenken über den Tod und alles, was damit zusammenhängt. Die Inhalte der Gedanken sind morbid und werden vom Patienten vehement abgelehnt. Hier lag der Hinweis für den Therapeuten, dass möglicherweise eine unverarbeitete Trauer vorliegen könnte. Erst in der siebten Therapiesitzung konnte das Thema Trauer angesprochen werden, und in den folgenden vier Stunden wurde der Verlust des Großvaters thematisiert. Aufgewachsen war er als zweites Kind eines Handwerkers in einem kleinen Dorf. Zu den Großeltern, die im gleichen Haus wohnten, hatte er ein ausgezeichnetes Verhältnis. Als er in der vierten Klasse war, starb der Großvater. Er *erinnert sich, dass er bei der Beerdigung einen Mantelknopf verschluckt und dabei einen Erstickungsanfall (eine Art Panik) erlitten hatte. Die Aufarbeitung dieses Geschehens und der mit dem Verlust des Großvaters verbundenen Gedanken hatte zur Folge, dass die zwanghaften morbiden Gedanken fast augenblicklich zurückgingen. Damit blieben auch das »Gedankenrasen« und die nächtlichen Panikattacken aus; sie tauchten auch ein Jahr nach Abschluss der Therapie nicht mehr als Problem auf.*

Im Beispiel wird deutlich, dass hinter einem Problem – hier die nächtlichen Panikattacken und das Grübeln über die Vergänglichkeit – manchmal ein Verlustereignis stehen kann, welches vom Patienten aber nicht wahrgenommen wird. Hier war es sogar so, dass der Patient explizit nicht über seine Vergangenheit »nachgrübeln« wollte, sondern ein möglichst rasches, lösungsorientiertes Vorgehen wünschte. Erst die Konfrontation mit dem vermiedenen Schmerz machte eine Heilung möglich.

Als heuristische Fragen, die in therapeutischen Gesprächen unverfänglich gestellt werden können und zur Klärung beitragen, ob ein Verlustereignis mit dem aktuellen Problem verbunden sein könnte, empfehlen sich folgende Inhalte:

- Inwieweit konnte der Verlust als endgültig akzeptiert werden? Welche Rolle spielt die verstorbene Person im täglichen Leben? Inwieweit weilt sie noch unter den Lebenden?
- Gibt es Dinge im Zusammenhang mit der verstorbenen Person, über die nicht gesprochen werden darf oder die tabuisiert werden?
- Gibt es zwanghafte Gedanken, die um den Tod kreisen?
- Inwieweit sind Spannungszustände oder ungewollte Gefühlsausbrüche im Zusammenhang mit dem Tod aufgetreten? Gab es Gedanken wie »jetzt drehe ich durch« oder Wut und Zorn gegenüber der verstorbenen Person oder gegenüber anderen, die mit der verstorbenen Person in Kontakt waren? Inwieweit spielen diese Gefühle heute noch eine Rolle?
- Wird das Thema »Tod« vermieden? Gibt es »Erinnerungsrituale«?
- Kann das Thema »Trauer« angesprochen werden, ohne dass es zu unkontrollierten Tränen und anderen intensiven emotionalen Reaktionen kommt?

Rahmenmodell der Trauerverarbeitung

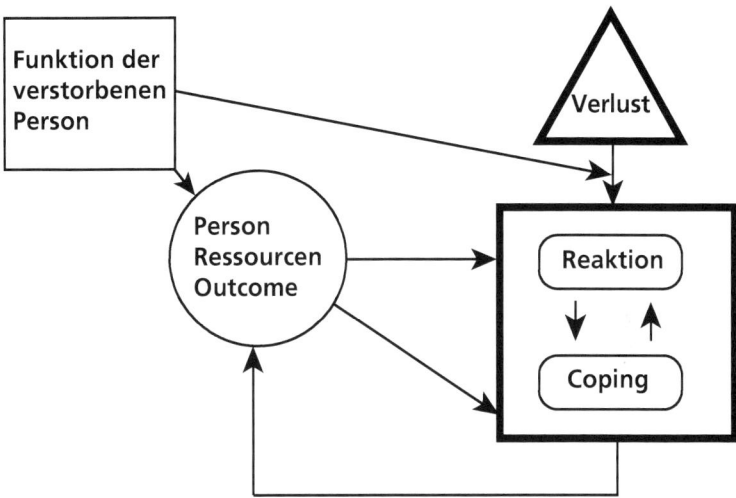

Abb. 14: Im Modell wird das Ausmaß des Verlustes von der Funktion der verstorbenen Person (oder der verlorenen Sache, des aufgegebenen Lebensplans) abhängig gemacht (aus Znoj, 2016, S. 28). Das Erleben des Verlustes führt zu einer ersten Reaktion (Schock). Diese Reaktion wird durch verschiedene Bewältigungsaktivitäten (Coping) moderiert. Das Wechselspiel zwischen Realisierung des Verlustes und Bewältigung wird als Trauerverarbeitung bezeichnet. Diese Bewältigungsprozesse werden wiederum von verschiedenen Faktoren (Risikofaktoren) beeinflusst. Wenn diese Bewältigungsprozesse nicht zu einer Stabilisierung führen, können sie zu einer Chronifizierung oder durch Aufschaukelungsprozesse gar zu einer Verschlimmerung des Zustands führen. Persönliche Ressourcen und wahrgenommene Funktionen der verstorbenen Person sind ebenfalls variabel und beeinflussen indirekt den Bewältigungsprozess.

In der Regel brauchen trauernde Personen keine professionelle Unterstützung im Prozess der Verlustverarbeitung. Das Rahmenmodell der Trauerverarbeitung[98] verdeutlicht die wesentlichen Einflussfaktoren auf die Verlustreaktion (▶ Abb. 14). Das Wechselspiel zwischen Realisierung

---

98 Znoj, 2016

des Verlustes und Bewältigung ist ein Prozess, der wiederum von verschiedenen Faktoren (Ressourcen, Risikofaktoren) beeinflusst wird. Den meisten Personen stehen in ihrem Umfeld genügend Ressourcen zur Verfügung. Die Modellannahme, dass die persönlichen Ressourcen den Verluststress sowohl über den Weg der sozialen Unterstützung als auch direkt bezogen auf die Trauersymptomatik (gemessen als Depressivität) beeinflussen, konnte in einem Strukturgleichungsmodell nachgewiesen werden. Als Grundlage dienten die Daten von Eltern, die ein Kind verloren hatten.[99] Können genügend persönliche Ressourcen (oft als Resilienz, also »Widerstandskraft« bezeichnet) aktiviert werden, so gelingt es zum einen viel eher, ein unterstützendes soziales Netzwerk zu aktivieren, und zum anderen schützen Eigenschaften, die mit einer hohen Resilienz einhergehen, davor, bei hohen emotionalen Belastungen einzubrechen. Solche Eigenschaften sind zum Beispiel eine optimistische Grundhaltung oder die Fähigkeit, in chaotischen Situationen die Übersicht zu behalten sowie die Welt insgesamt als sinnhaft zu erleben.

Das Rahmenmodell der Trauer gibt dem Therapeuten Hinweise zu weiteren Fragen, die dazu dienen, eine mögliche Trauerreaktion besser zu verstehen:

- Welche Grundbedürfnisse hat die verstorbene Person befriedigt?
- Welche typischen Funktionen, Ziele und Rollen hatte die verstorbene Person für den Angehörigen?
- Welche emotionale Reaktion kann erwartet werden? Zum Beispiel wird die emotionale Antwort auf den Verlust eines alleinigen Versorgers möglicherweise eher Angst und Sorge auslösen, diejenige auf den Verlust eines Intimpartners dagegen eher Sehnsucht und innere Leere.
- Welche sonstigen Reaktionen sind zu erwarten?
- Welche Aufgaben müssen von der Person geleistet werden, welche Anforderungen kommen auf sie zu?

Halten wir fest: Eine Intervention ist beim Verlust einer geliebten Person normalerweise nicht notwendig. Andererseits gibt es »blockierte« oder »exzessive« Trauerformen, die sich in verschiedenen Symptomen äußern,

---

99 Znoj, 2006

die Ähnlichkeit mit der Depression (Melancholie) oder mit einer Angststörung (Panikstörung, Posttraumatische Belastungsstörung) haben. Der Exkurs auf vorliegende vergleichende Untersuchungen zur Trauerintervention hat zudem verdeutlicht, dass die Wirksamkeit psychologisch-psychotherapeutischer Interventionen zunimmt, je gestörter die Trauerreaktion ist. Da sich das »Gestörtsein« nicht allein durch Kriterien wie Dauer, Heftigkeit oder Art und Weise der Trauerreaktion festmachen lässt, gibt es nur wenig eindeutige diagnostische Hinweise auf eine komplizierte Trauer zu einem frühen Zeitpunkt. Das Ziel einer psychotherapeutischen Intervention sind die die akute Trauerreaktion aufrechterhaltende Faktoren. Die im dritten Kapitel erwähnten diagnostischen Kriterien für eine komplizierte Trauerreaktion können dem Psychotherapeuten bei der Entscheidung helfen, eine spezifische Therapie anzubieten. Im Zentrum steht jedoch immer die Frage, welche Funktion die Trauer für die betroffene Person hat, was sie vermeidet und weshalb sie nach dem Verlust jede Lebensperspektive verloren hat.

Für die verschiedenen Interventionen beim Vorliegen einer komplizierten Trauerreaktion zeichnet sich eine differenzielle Indikation ab: Je nachdem, welche der verschiedenen Aufgaben für den Trauernden schwierig oder nicht zu bewältigen sind, wird sich das therapeutische Vorgehen anpassen müssen. Für die Therapie bieten sich daher verschiedene Vorgehensweisen an, die individuell eingesetzt werden können, nachdem sich die Therapeuten ein vertieftes Verständnis der Problematik erarbeitet haben.

Im nächsten Kapitel werde ich anhand von Fallbeispielen zeigen, was die einzelnen Bausteine einer solchen Intervention bewirken bzw. wo sie sinnvoll eingesetzt werden können.

5. Vorlesung
Techniken, Fallkonzeption und Fazit

Die Sichtweise, dass die Trauer zur Störung wird, ist nicht neu, doch fehlten bislang international gültige Kriterien zur Festlegung einer solchen Störung. Eine Analogie zu Angst und Angststörung hilft zum besseren Verständnis: Angst zu haben ist für die meisten Menschen ein normales Gefühl, das in Situationen auftritt, wo es sinnvoll ist und uns zu vorsichtigem Handeln oder zum Verlassen der Situation aufruft. Unter anderen Umständen kann Angst aber störend sein, wenn sie z. B. als behindernd erlebt und zumindest von anderen Menschen als »irrational« betrachtet wird, wie im Fall eines Phobikers, der beim Anblick von harmlosen Spinnen oder Insekten in Angstschweiß ausbricht und das Gefühl hat, sterben zu müssen. Trauer kann sich ebenfalls in einer Weise entwickeln, die für Außenstehende nicht mehr nachvollziehbar ist und von den Betroffenen als stark belastend erlebt wird. In diesen Fällen ist eine Therapie indiziert und auch effektiv. Die Störung der Trauer ist charakterisiert durch »zu viel Trauer« (dysregulierte Emotionen) oder »zu viel Vermeidung« – in beiden Fällen handelt es sich um problematisches Copingverhalten; dadurch wird die Trauer ähnlich wie bei der pathologischen Angst aufrechterhalten.

Therapeutische Modelle und Herangehensweisen

Eine komplizierte Trauer hat verschiedene Ursachen, die sich aber in zwei grundlegende Aufgaben unterteilen lassen: 1.) Aushalten des Trauerschmerzes; Lernen, mit den damit verbundenen »rohen« Gefühlen umzugehen, Dosieren des Schmerzes, Akzeptieren des Verlustes. 2.) Wiederherstellen der eigenen Lebenssituation, Definieren neuer oder auch alter Ziele, Selbstfürsorge, Erinnerungen.

Demgegenüber hat beispielsweise Worden[100] vier Aufgaben postuliert, welche Trauernde zu bestehen, zu lösen haben. Nach Worden müssen Trauernde:

1. Die Wirklichkeit des Verlustes akzeptieren. Viele Trauernde haben Mühe, die Realität des Todes des geliebten Menschen zu akzeptieren; die Wirklichkeit erscheint wie ein schlechter Traum, aus dem man entfliehen möchte. Oft setzt eine Art Suche nach der verstorbenen Person ein, die mit Sinnestäuschungen einhergehen kann. So berichten Trauernde, dass sie die Stimme der verstorbenen Person hören oder sie in einer Menschenmenge wiederzuerkennen glauben. Den Verlust als solchen anzunehmen ist ein Prozess, der mehrere Monate dauern kann.
2. Den Schmerz des Verlustes erfahren und verarbeiten. Eine emotional nicht gefühlte Trauer kann sich somatisch in Symptomen äußern, oder der emotionale Schmerz wird als verzögerte Trauerreaktion erst später, Wochen oder gar Monate nach dem Verlust spürbar. Das Ausmaß an emotionalen Schmerzreaktionen, wie sich traurig, ärgerlich, schuldig, ängstlich oder einsam fühlen, ist jedoch weniger entscheidend für eine gute Verarbeitung als allgemein angenommen. Die Intensität der Trauerreaktion wird durch viele Faktoren beeinflusst. Der Schmerz kann so schwer sein, dass bestehende medizinische oder psychologische Probleme sich verstärken. Hier ist es therapeutisch sinnvoll, den erleb-

---

100 Worden, 2010

ten Schmerz zu dosieren und es den Patienten zu ermöglichen, diesen zu kontrollieren.
3. Sich einer Umgebung anpassen zu lernen, in der die verstorbene Person fehlt. Es kann Monate dauern, bis alle Facetten des Verlustes realisiert werden. Die wachsende Wahrnehmung des Verlustes ist ein Grund für die lange Zeit, die man braucht, um den Tod einer nahestehenden Person zu verarbeiten. Dabei geht es um eine Anpassung an neue Lebensumstände (external), um die Anpassung an neue Rollen und einen neuen sozialen Status, um Anpassungen, die das Selbstwertgefühl, das Gefühl der Selbstwirksamkeit betreffen (internal), sowie um eine Anpassung des »belief systems« – überdauernde Annahmen und die eigene Weltsicht (spirituell).
4. Die Beziehung zur verstorbenen Person neu definieren. Die verstorbene Person muss nicht aus dem Leben gelöscht werden, aber die Beziehung soll in einer Weise gestaltet werden, die das Weiterleben gestattet. So sollen neue, auch intime Beziehungen möglich werden, wenn der Ehepartner verstorben ist. Inwieweit die Bindungen ganz aufgelöst (»moderne« Auffassung) oder ganz beibehalten (»romantische« Auffassung) werden, muss der oder die Trauernde selbst herausfinden. Wichtig ist, den Tod der geliebten Person zu akzeptieren. Persönliche Strategien müssen entwickelt werden, um sich an die verstorbene Person erinnern zu können. Bei einer posttraumatischen Reaktion nach einem traumatischen Tod kann es vorkommen, dass es den Überlebenden nicht möglich ist, sich ohne Retraumatisierung an die Person zu erinnern. Daher ist es ein wichtiges therapeutisches Ziel, Erinnerungen an frühere Zeiten zu ermöglichen. Dies gilt vor allem auch für Überlebende von Gewaltverbrechen oder von Terroranschlägen.

Neben der emotionalen Verarbeitung gehört vor allem die Orientierung auf das Leben ohne den verstorbenen Angehörigen zu den zentralen Aufgaben trauernder Personen. Anhand eines Beispiels werden im Folgenden verschiedene Problemfelder und therapeutische Herangehensweisen beschrieben.

Therapieplanung und Fallkonzeption

Fallbeispiel: Trauer um den verstorbenen Mann

Frau F. suchte mich im Sommer auf, nachdem sie von einer Bekannten einen Hinweis bekommen hatte. Zuerst wollte Frau F. eine Therapie für ihre beiden Söhne (13 und 6 Jahre alt), um die sie sich Sorgen machte, weil der Vater – ihr Mann – vor über einem Jahr bei einem nicht selbst verschuldeten Autounfall sein Leben verloren hatte. Sie und ihr Mann kamen aus Kroatien; wirtschaftliche Überlegungen und Kriegswirren hatten sie zuerst nach Deutschland und dann in die Schweiz verschlagen. Sie hielt sich tapfer, ja eisern, nach dem Tod ihres geliebten Mannes, den sie mit 16 Jahren kennengelernt und sechs Jahre später geheiratet hatte. Als gläubige Katholikin vertraute sie darauf, dass ihr der Glaube helfen würde; in letzter Zeit war sie sich aber nicht mehr so sicher, trotz zahlreicher Wallfahrten. Sie verzweifelte zunehmend an der Tatsache, dass sie den ungerechten Tod ihres so jung verstorbenen, dynamischen, stets fröhlichen Mannes nicht akzeptieren konnte. Warum er und nicht sie? Sie kleidete sich schwarz; später in der Therapie, auf meine Frage wegen der schwarzen Kleider, bestätigte sie mir, dass sie seit dem Tod ihres Mannes nur noch Schwarz tragen würde, selbst ihre Unterwäsche sei ausschließlich schwarz. Die anderen Kleider würde sie nicht mehr anziehen. Ihre Kinder, die ich einige Male sah, waren fröhlich, aufgeweckt, und alles wies darauf hin, dass nicht sie, sondern ihre Mutter Hilfe brauchte.

Die Therapie erstreckte sich schließlich über zwei Jahre. Es wurde immer deutlicher, dass die Frau alles tat, um sich selbst zu negieren und zu vernichten. Sie opferte sich auf: Für ihre Kinder, denen sie Sport und sonstige Aktivitäten ermöglichte, denen sie aber sehr viel abverlangte, an Respekt und Leistung. Für ihren verstorbenen Mann, den sie täglich oder sogar mehrmals täglich auf dem Friedhof besuchte, dem sie ein Straßenmahnmal widmete, das intensiver Pflege bedurfte und welches sie – teilweise unter Lebensgefahr – am Straßenrand im Winter immer wieder neu aufstellte. Auch für ihren Beruf setzte sie sich voll ein; sie arbeitete als Pflegerin in einem Altersheim und war dort eine Stütze ihres Teams. Die einzige Schwäche, die sie sich gönnte und für die sie sich verachtete, war ein Glas Wein (manchmal wurden es auch mehrere Gläser) am Abend und Schokolade während des Tages.

Ein Skiausflug, dem ersten seit dem Tod ihres Mannes, den sie dank eines gemeinsamen Bekannten unternehmen konnte, geriet zum Desaster. Sie konnte nur den ersten Tag genießen, am nächsten Tag wurde schon die erste Abfahrt durch einen Panikanfall vereitelt. Sie hatte auf einmal riesige Angst davor, hinunterzufahren, und sie musste wieder mit der Bahn zurück ins Tal fahren. Sozialkontakte hielt sie nur noch zu ganz wenigen Personen aufrecht, und sie reagierte sehr schroff auf viele Leute, obwohl sie im Ganzen ein sehr freundliches Wesen hatte und im Allgemeinen bei anderen sehr gut ankam. Fehler tolerierte sie weder bei sich noch bei anderen. Ihre Grundstimmung war oft depressiv.

Ihren eigenen Gefühlen gegenüber war sie hart: sie vergoss keine Tränen. Als Begründung meinte sie, sie weine auch deshalb nicht, um ihre Kinder zu schonen. Sie hatte Angst davor, dass ihre Tränen nicht mehr versiegen würden und sie ihren Kindern keinen Halt mehr geben könnte. Sie verzieh sich die Ungeduld und die Ärgerreaktionen nicht, die sie ihren Kindern gegenüber manchmal aus nichtigem Anlass zeigte. Frau F. war davon überzeugt, dass sie, wenn sie die Trauer zulassen würde, ihre Aufgaben nicht mehr bewältigen könnte und sie vor lauter Schmerz krank oder verrückt würde.

Frau F. hatte vor dem Tod ihres Mannes früh beide Eltern und viele Verwandte verloren, teils durch den Krieg, teils aus anderen Gründen. Von den Geschwistern war nur noch eine Schwester übrig, die aber in Deutschland lebte und nur selten zu Besuch kam. Frau F. kam gerne in die Therapie, aber machte anfänglich wenig Fortschritte bezüglich ihrer depressiven Stimmung und inneren Unruhe. Nur sehr langsam konnte sie sich von Gegenständen ihres Mannes trennen, die sie über zwei Jahre ständig begleitet hatten: der (ungewaschene) Pyjama im Bett, die Kleider, Schuhe und Utensilien ihres Mannes, die genau dort waren, wo sie ihr Mann erwarten würde, würde er denn wieder nach Hause kommen. Die Konfrontation mit dem Verlust, das Realisieren des Verlustes war mit Schmerz und Angst verbunden. Die Angst resultierte daraus, dass, wenn sie einmal den Tod ihres Mannes akzeptieren würde, die Erinnerung an ihn verblassen und sie ihm im Geiste untreu werden könnte.

Fallkonzeption von Frau F.

Das Inkonsistenzmodell (▶ 1. Vorlesung) der Trauer ist Grundlage dieser Fallkonzeption. Es basiert auf der Annahme, dass der Verlust dazu führt, dass bestimmte bedürfnisbefriedigende Wahrnehmungen nicht mehr gemacht werden können, weil die Quelle dieser Wahrnehmungen die verstorbene Person war. Diese etwas theoretische Perspektive dient der Überlegung, welche Erwartungen, Hoffnungen und bedürfnisbefriedigenden Erfahrungen mit dem verstorbenen Mann verbunden waren. Nach dem Konsistenzmodell von Grawe[101] erzeugen mit Bedürfnissen inkompatible Wahrnehmungen eine erhöhte psychische Aktivität. Die mit dem Verlust eintretenden massiven Verletzungen solcher Wahrnehmungserwartungen tangieren viele grundlegende Bedürfnisse. Ein Verlust stellt eine starke Inkonsistenzquelle dar. Inkonsistenz führt zu einer erhöhten Destabilisierung des psychischen Gleichgewichts – der Organismus wird zuerst mit einer erhöhten Aktivität (Stressreaktion) auf diese Inkonsistenz reagieren; in vielen Fällen reicht eine solche Aktivierung aus, die Quelle der Inkonsistenz zu beseitigen (Coping), in anderen Fällen, falls die Ressourcen nicht ausreichen, wird sich eine psychische Störung bilden. Die Bildung einer psychischen Störung bindet Aufmerksamkeit und reduziert Freiheitsgrade im Verhalten und in der Wahrnehmung; die Störung stabilisiert das System, allerdings um den Preis einer geringeren Funktions- und Anpassungsfähigkeit. Bei einem endgültigen Verlust bleibt die Inkonsistenz bestehen; erst die Akzeptanz des Unvermeidlichen wird dem Organismus letztlich die Möglichkeit geben, sich allmählich an die neue Realität zu gewöhnen. Die Akzeptanz gleicht damit der Resignation oder aktiver ausgedrückt: Die Trauernde habituiert, sie lernt.

Die zentrale Frage lautet: »Weshalb ist es Frau F. nach dem Tod ihres Mannes nicht gelungen, den Tod ihres Mannes zu akzeptieren, und weshalb ist es ihr unmöglich, an ein Leben ohne ihn zu denken?«

Die Symptome von Frau F. waren zu Beginn der Therapie noch nicht stark ausgeprägt. Frau F. berichtete von Schlafstörungen, innerer Unruhe und Getriebenheit, depressiven Phasen und Ängsten. Ihre kognitiven Störungen wurden erst mit der Zeit deutlicher; durch die Nicht-Akzeptanz

---

101 Grawe, 1998

der Endgültigkeit des Verlustes verstrickte sich Frau F. immer mehr in eine Parallelwelt, die den Gesetzen der Physik und der Alltagslogik nicht unterworfen war. Diese Fantasiewelt gestattete ihr, sich der Illusion hinzugeben, dass ihr Mann wiederkommen und sie aus dem Albtraum erwachen würde.

Nach dem dualen Prozessmodell von Stroebe und Schut (▶ 1. Vorlesung) ergeben sich für Frau F. zwei verlustorientierte Therapieziele:

1) Akzeptieren des Verlustes:
den Mann als wirklich »gestorben« zu realisieren, nicht nur vom »Kopf« her, sondern auch tief in der Überzeugung.
2) Zulassen des Trauerschmerzes:
Gefühle zulassen – dosiert, indem bestimmte Zeiten für die Trauer freigegeben werden. Anschließend belohnende Aktivität (Genusstraining).

Weiter ergeben sich folgende wiederherstellungsorientierte Therapieziele:

3) Sachen des verstorbene Mannes wegbringen, Alltag neu gestalten:
Gefahr der Überforderung beachten (Ich muss den Kindern gleichzeitig Mutter und Vater sein).
4) Eigene Bedürfnisse zulassen und neue Ziele definieren.

Dieses letzte Ziel gestaltete sich als äußerst schwierig dahingehend, dass Frau F. immer wieder die Position vertrat, dass sie selbst nichts brauchen würde. Erst als das Vertrauen in den Therapeuten etabliert war und Frau F. sich auf Entspannung (Progressive Muskelrelaxation, PMR) einlassen konnte, wurden solche Bedürfnisse erkannt. Hier seien einige dieser »neuen« Ziele genannt:

Fantasien zulassen, wie einfach weggehen können, ins Blaue hinaus wandern; sich neu orientieren lernen; was ist mir wichtig; religiöse Vorstellungen verhandeln (»Was würde Jesus wohl sagen, wenn Sie sich derart zugrunde richten?«); Trauer erlauben und normalisieren; positive Gefühle dabei zulassen dürfen, Selbstunterstützung.

Durch die rigide religiöse Haltung entsagte sich Frau F. die Freuden des Lebens; sie empfand ein schlechtes Gewissen, wenn sie sich eine Pause gönnte, das kleine Stückchen Schokolade war schlecht, gerade weil sie sich darauf freute, ebenfalls das Glas Wein zur Entspannung am Abend. Sie, die früher sehr aktiv war, sogar richtig Sport gemacht hatte, gönnte sich nicht einmal einen Spaziergang: Alles war Pflicht und stand entweder im Dienst der Kindererziehung und Betreuung oder war Trauerritualen gegenüber ihrem verstorbenen Mann gewidmet. Sie wollte nicht, dass ihr das Leben ohne ihren Mann Freude bereitet!

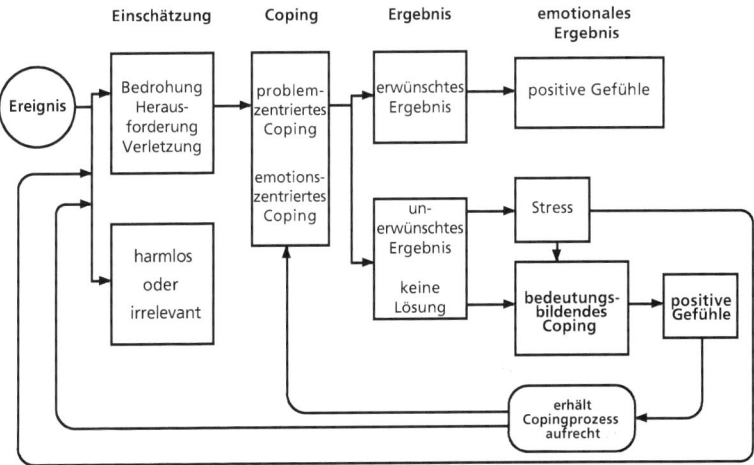

Abb. 15: Das revidierte Copingmodell von Folkman (nach Folkman, 2001). Trauernde, die in der Erinnerung an den verstorbenen Partner fähig sind, den Verlust nicht zu nur betrauern, sondern ihn auch als Chance auf Veränderung wahrzunehmen, verarbeiten den Verlust wesentlich besser, und es gelingt ihnen früher, sich auf ein Leben danach einzustellen. Ausgelöste positive Gefühle liefern in diesem Modell die Energie, den Adaptionsprozess abzuschließen.

Anmerkung: Positive Emotionen spielen in der Trauerverarbeitung, wie bereits mehrfach erwähnt, eine herausragende Rolle; ohne sie gelingt es nicht, die Trauer zu bewältigen und sich an ein Leben ohne die geliebte Person zu gewöhnen. Zu diesem Schluss ist auch die Stress- und Copingforscherin Susan Folkman[102] gekommen. Sie setzte sich jahrelang mit AIDS-Erkrankten und deren Hinterbliebenen auseinander und postulierte folgendes Modell (▶ Abb. 15).

Die Schlussfolgerungen dieses Modells kontrastieren mit der Grundannahme des »Durcharbeitens« der Trauer, worin es in erster Linie darum geht, die Bindung zur verstorbenen Person zu lösen. Das Regulieren der eigenen Gefühle wurde bisher zu sehr unter der Perspektive der Abwehr betrachtet. Schon Horowitz[103] erachtete jedoch das Dosieren – also die Kontrolle über die durch die Trauer ausgelösten stressreichen Emotionen – als einen wichtigen Schritt bezüglich der Integration eines Verlustes. Bonanno und Keltner[104] konnten zeigen, dass das Zulassen positiver Gefühle ein entscheidender Faktor bei der Verarbeitung von Partnerverlusten ist. Positive Emotionen während der Trauerreaktion (bei Bonanno und Keltner als nonverbales emotionales Ausdrucksverhalten gemessen) deuteten zwei Jahre nach dem Verlust auf eine gute Entwicklung hin.

Zurück zu Frau F.: Um besser verstehen zu können, welches Ausmaß der Verlust des Mannes annahm, sollen die Antworten auf die Therapieeingangsfragen genannt werden:

a) Welche Grundbedürfnisse hat die verstorbene Person befriedigt?
Herr F. war die große Liebe (Bindung)! Er war offensichtlich optimistisch, kompetent und praktisch veranlagt (Sicherheit, Orientierung und Kontrolle); er war nicht nur selbstsicher, sondern hatte auch einen ausgeprägten und einflussreichen Freundes- und Verwandtenkreis (Selbstwerterhöhung).

b) Welche typischen Funktionen, Ziele und Rollen hatte die verstorbene Person für den Angehörigen?
Siehe oben: Ihr Mann war der Lebensinhalt für sie; kam er von der Arbeit, winkte sie ihm vom Balkon aus zu und freute sich, wenn er sich an ihrem Anblick erfreute. Sie hatte ihr Leben für ihn aufgegeben und war seit ihrem 16. Lebensjahr auf ihn eingestellt. Ohne ihn empfand sie sich als unbedeu-

---

102 Folkman, 2001
103 Horowitz, 1986
104 Bonanno & Keltner, 1997

tend. In den Söhnen sah sie vor allem sein Vermächtnis. Er war alles für sie, Ziele für sich selbst hatte sie keine.
c) Welche emotionale Reaktion kann erwartet werden?
Enorme Trauer, aber auch viel Angst (Panik) und Scham (ich bin nichts wert ohne ihn).
d) Welche sonstigen Reaktionen sind zu erwarten?
Verleugnung der harten Realität; Hinwendung zur Religion (Weiterleben nach dem Tod). Die Wallfahrten und Gebete sollten ein Wunder bewirken. »In Lourdes stehen ja auch die Gelähmten auf, Taube hören wieder. Weshalb sollte Gott nicht auch für mich ein Wunder geschehen lassen?«
e) Welche Aufgaben müssen von der Person geleistet werden, welche Anforderungen kommen auf sie zu?
Bildung und Erziehung der Kinder; damit verbunden: Gedanken an die Rückkehr in die Heimat sind objektiv mit großen Schwierigkeiten verbunden; die Frage des Wohnorts bleibt offen, stellt eine Verunsicherung dar. Die empfundene Fremdenfeindlichkeit (in der aktuellen Nachbarschaft) ist eine weitere Inkonsistenzquelle, welche Frau F. große Sorgen bereitet, auch in Hinsicht auf ihre Kinder. Welche beruflichen und schulischen Chancen werden sie einst haben, wenn sie ohne Vater aufwachsen müssen?

Therapieplanung

Aufgrund des Fallverständnisses bot sich ein ressourcenförderndes therapeutisches Vorgehen an. Es war klar, dass Frau F. nur über sehr wenig soziale Ressourcen verfügte. Wohl pflegte der beste Freund ihres verstorbenen Mannes immer noch Kontakt zur Familie, jedoch war dieser sehr engagiert und wegen seines Berufs häufig im Ausland. Ihre einzige Schwester lebte in Deutschland; die Arbeitskolleginnen unterstützten sie zwar, waren aber doch nur begrenzt für ihre Bedürfnisse verfügbar. Mit ihren Kindern hatte sie einen ausgesprochen guten Umgang, aber es ist klar, dass Kinder den Eltern nur in sehr eingeschränktem Maße eine Stütze sein können. Somit muss der Therapeut den Selbstwert von Frau F. stärken sowie eine sozial unterstützende und, soweit es geht, auch eine beratende Rolle übernehmen (Umgang mit den Kindern und schwierigen Nachbarn).

5. Vorlesung Techniken, Fallkonzeption und Fazit

Die Rolle als »Stütze« konfligiert teilweise mit der problemaktualisierenden Rolle des Therapeuten: Die psychischen Probleme von Frau F. werden von problematischen Kognitionen und von Vermeidung aufrechterhalten. Durch das Vermeiden der Endgültigkeit des Todes gelingt es Frau F., das Geschehene teilweise »ungeschehen« zu machen. Da die Konfrontation mit dem Verlust mit hohen emotionalen Belastungen verbunden ist, setzt Frau F. in der Therapie viele interaktionelle Mittel ein, um es nicht dazu kommen zu lassen. Der Umgang mit diesem Verhalten bei gleichzeitiger Unterstützung gelingt am besten, wenn wir uns das Prinzip der »motivorientierten Beziehungsgestaltung« vor Augen führen. Ganz kurz gesagt, geht es dabei darum, dem Patienten in seinen Grundbedürfnissen und Motiven entgegenzukommen, aber nicht auf dessen problematisches Verhalten einzugehen oder gar so zu reagieren, wie man dies »natürlicherweise« tun würde. Eine solche normale Reaktion würde beispielsweise die Rechtfertigung und Aggression auf anklagendes Verhalten hin oder widerstrebender Rat und Beistand bei gezeigter Hilflosigkeit darstellen. Anstelle dieses problematischen Handelns macht sich der Therapeut Gedanken darüber, welche Motive und Bedürfnisse die treibende Kraft hinter einem problematischen Verhalten sind, und versucht, genau auf diese Bedürfnisse einzugehen, ohne auf das interaktionelle Gesprächsangebot zu reagieren. In gewisser Weise verhalten sich Therapeuten »asozial«, dabei umgehen sie aber die Falle, die ihnen der Patient gestellt hat.

Frau F. war offensichtlich tief verunsichert und versuchte zu verhindern, dass der Therapeut ihr labiles Gleichgewicht stört, indem er auf emotionale Aspekte des Verlustes einging. Sie setzte abwechslungsweise ihren immer noch jugendlichen Charme ein, wenn es für sie »gefährlich« wurde, oder verschloss sich emotional ganz und wich auf andere Themen aus. Als Therapeut ist es wichtig, sich der Bedürfnisse und Motive eines Patienten bewusst zu sein und sich entsprechend diesen Bedürfnissen »komplementär« (bedürfnisbefriedigend) zu verhalten[105]; dies geschieht, wenn sich Patienten verstanden fühlen, selbst wenn der Therapeut nicht auf das intentionale Ziel des Patienten eingeht.

Aus der Fallkonzeption geht hervor, dass dysfunktionale Gedanken und das Vermeiden von Schmerz wesentlich zur Aufrechterhaltung der kom-

---

105 siehe auch Caspar, 1989

plizierten Trauerreaktion beitragen. Im nächsten Abschnitt soll deshalb das kognitiv-verhaltenstherapeutische Vorgehen näher expliziert werden.

Das kognitiv-verhaltenstherapeutische Prozessmodell

Das kognitiv-verhaltenstherapeutische Modell geht von folgenden Prämissen aus:

1. negative und dysfunktionale Gedanken und Missinterpretationen der Trauerreaktionen,
2. ängstliche und depressive Vermeidungsstrategien,
3. mangelnde Integration des Verlustes in das autobiographische Gedächtnis.

Dieses Modell ist nicht spezifisch für die Trauerreaktion, sondern wurde im Zusammenhang mit Traumatisierungen nach Gewalteinwirkungen postuliert. Unabhängig von der Art der Traumatisierung können aber für Verlustereignisse dieselben Mechanismen – wenn auch mit anderen Inhalten gefüllt – angenommen werden. Ursprünglich stammt das Modell von Ehlers und Clark[106]; es wurde hier für die komplizierte Trauer adaptiert. Das Modell illustriert vor allem die aufrechterhaltenden Mechanismen eines Traumas; die Versuche, den Schmerz und die gegenwärtige Bedrohung zu kontrollieren, führen zu vermehrtem intrusiven Erleben. Die Bewertung des Geschehens als existenzielle Bedrohung (»Ich bin es nicht wert, nach dem Tod meines geliebten Mannes für mich selbst weiterzuleben«) führt zu einem »Teufelskreis«, der von der Patientin allein nicht mehr durchbrochen werden kann. Abbildung 16 zeigt schematisch, wie die einzelnen Aspekte zusammenwirken.

Therapeutisch geht es vor allem darum, die veränderungshemmenden Einflüsse zu verändern. Diese werden ihrerseits durch Strategien und Kontrollversuche der Patientin motiviert, die dazu dienen, sich vor dem Schmerz zu schützen. Gleichzeitig unternimmt sie diverse Anstrengungen, die Auswirkungen des Todes zu reduzieren: Sie gibt alles für ihre Kinder,

---

106 Ehlers & Clark, 2000

sie strengt sich an, gleichzeitig Vater und Mutter zu sein; sie will die Kinder vor den Auswirkungen des vaterlosen Zustandes schützen, sie unternimmt Wallfahrten, um eine wundersame Rückkehr ihres geliebten Mannes zu bewirken.

Diese Kognitionen, verbunden mit dem Vermeiden, das sich einerseits in der hektischen Betriebsamkeit und andererseits in Strategien der Emotionsvermeidung zeigte, mussten konfrontativ angegangen werden. Anzumerken ist, dass Intrusionen, also die unwillkürlichen Erinnerungen und damit verbundenen Emotionen an die verstorbene Person, nicht notwendig mit Furcht und Schrecken verbunden sind. Bei Verlusten kommen diese Intrusionen oft als »Nähe-Erlebnisse« und Betroffene fühlen sich auf einmal »zurückversetzt« in die Zeiten, als alles noch »gut« war. Die Wahrnehmung der Realität trifft dann umso härter, die Trauer entzündet sich von Neuem.

Lange Zeit war unklar, ob sich die Patientin überhaupt auf eine Konfrontation einlassen würde. Das Hauptargument war, dass sie die Trauer nicht lassen könne, weil sie die Befürchtung hegte, mit der Überwindung der Trauer die Erinnerung an ihren Mann zu verlieren. Diese Annahme war so real, dass erst eine Serie von Träumen sie davon zu überzeugen vermochte, dass ihr Mann es befürworten würde, wenn sie ihn endlich gehen ließe. Die Patientin schilderte einen dieser typischen Träume, in dem sie ihrem Mann auf einer Wiese begegnete. Ihr Herz hüpfte vor Freude, als sie ihn sah, und sie versuchte, sich ihm zu nähern. Doch als sie anfing, mit ihm zu sprechen, wandte er sich nur wortlos von ihr ab und ging weg. Enttäuscht und beunruhigt wachte sie hernach auf und versuchte, sich diese ihr unerklärliche Haltung ihres Mannes zu erklären. Diese als »real« erlebten Träume wiederholten sich regelmäßig, bis sie sich entschloss, sie in der Therapie zu bearbeiten. Sie selbst deutete diese Begegnungen oder besser das Abwenden schließlich als Zeichen, dass sie ihren Mann gehen lassen sollte. Das zu erkennen und zuzugeben fiel ihr schwer, aber sie war sich doch sicher, dass sie durch ihr »Klammern« den Seelenfrieden ihres Mannes stören würde. Schweren Herzens ließ sie sich schließlich auf das konfrontative Vorgehen ein.

Gleichzeitig hatte Frau F. begonnen, sich der Sachen ihres verstorbenen Mannes anzunehmen und diese, wenn auch nicht zu entsorgen, so doch zumindest in Umzugskisten zu verpacken und im Keller und auf dem

Das Traumamodell der Trauer (analog PTB)

```
┌─────────────────┐      ┌──────────────────────┐
│   vorherige     │─────▶│  kognitive Prozesse  │      K
│ Verlusterfahr.  │      │     während der      │      o
└────────┬────────┘      │ traumatischen Erfahr.│      m
         │               │ (dissoziative Erfahr.)│     p
         │               └──────────┬───────────┘      l
         ▼                          ▼                  i
┌──────────────────┐    ┌──────────────────────┐      z
│  Tod des geliebten│    │  negative Bewertung │      i
│      Mannes      │    │  (appraisal): Bedrohung│    e
└──────────────────┘    └──────────────────────┘      r
     "Trigger"                                         t
         ▼         ┌──────────────────┐                e
                   │ Gegenwärtig erlebte│
                   │    Bedrohung;    │               T
                   │  Intrusionen und │               r
                   │  Schmerz (Gefühl)│               a
                   └─────────┬────────┘               u
                             ▼                        e
   ┌──────────────────────────────────────┐           r
   │ Kontrollstrategien (verhindern von   │
   │        Schmerz, Intrusionen)         │
   └──────────────────────────────────────┘
```

Abb. 16: Das Traumamodell von Ehlers und Clark (nach Ehlers und Clark, 2000), adaptiert auf die komplizierte Trauerreaktion. Der große Kasten enthält die aufrechterhaltenden Prozesse, die beiden kleineren Kästen außerhalb bilden die auslösenden Faktoren ab. Die schwarzen Pfeile im großen Kasten zeigen den Einfluss auf weitere Prozesse auf, die weißen Pfeile verhindern Veränderungen in der Bewertung.

Dachboden zu lagern. Diese Aufgabe fiel ihr schwer, doch damit erreichte sie, dass sie nicht ständig mit Dingen konfrontiert wurde, die ihre Vermeidungsreaktionen und zugleich den Verlustschmerz dauernd reaktivierten.

Bei der Konfrontation mit dem Verlustereignis geht es einerseits darum, eine korrektive emotionale Erfahrung zu machen: Es ist möglich, den Schmerz auszuhalten, ich werde nicht wahnsinnig, wenn ich mich diesem überlasse, und irgendwann bin ich stärker als er. Andererseits bewirkt die Konfrontation eine Korrektur des inneren Schemas von Frau F., der Erwartungen, die mit dem Leben ihres Mannes verbunden waren. Ein Trauma hat immer einen »aktiven« Gedächtnisanteil; dieser wird durch Umgebungsfaktoren (ein bestimmtes Licht, Gegenstände, Stimmen) »getriggert« und übernimmt zeitweise die Organisation der Wahrnehmungen. Diese impliziten (unbewussten) Vorgänge sind nicht steuerbar und lösen eine Periode der Verzweiflung aus. Langfristig werden solche Episoden als Kontrollverlust erlebt und erodieren das Sicherheitsgefühl, den Selbstwert und verursachen Angstgefühle und sogar Panik. Die Konfrontation erlaubt eine Korrektur dieser Repräsentation und hilft somit, die »aktiven«, aber unverarbeiteten Gedächtnisanteile in das biographische Gedächtnis zu integrieren. Die Transformation von impliziten Gedächtnisanteilen in das biographische Gedächtnis (»Ich habe das erlebt, und das ist ein Teil meiner eigenen Geschichte«) bewirkt, dass Erinnerungen an Kraft verlieren. Implizite Gedächtnisprozesse haben oft sehr starke physiologische Reaktionen zur Folge. Traumatisierte Personen fangen beispielsweise an zu zittern, wenn sie über gewisse Erinnerungen sprechen oder erleben sogar einen »Flashback«. Sie fühlen sich genauso wie in der ursprünglichen Traumasituation und erleben diese noch einmal.

Für Frau F. war diese Situation der Moment, als zwei Polizisten ihr in den frühen Morgenstunden eines Montags die Nachricht überbrachten, dass ihr Mann bei einem Unfall noch vor Ort gestorben war. Der Schock war so tief und so umfassend, dass Frau F. es erst nach einigen Tagen zustande brachte, ihren Kindern die schlimme Nachricht beizubringen. Nachdem sie den Bescheid vom Tod ihres Mannes erhalten hatte, schickte sie ihre Kinder zur Schule, als ob gar nichts geschehen wäre. Im Schock tat sie zuerst alles, um die Normalität aufrechtzuerhalten. Obwohl ihr von jenem Moment an alles »verrückt« und »albtraumhaft« erschien, erledigte sie sämtliche Anforderungen perfekt: Sie organisierte die Bestattung, sie informierte die Behörden, sie regelte die Abdankung und Beerdigung. Frau F. gelang es in dieser Zeit, alle Aufgaben zu erledigen, die man von ihr erwartete. Dass sie nur noch wie ein Roboter funktionierte, fiel ihr selbst am allerwenigsten auf.

Sie vermied es allerdings, sich emotional auf den Verlust einzulassen. Die Erinnerung an die beiden Polizisten löste massive körperliche Reaktionen aus, allerdings von außen kaum sichtbare. Sie zitterte nur unmerklich, aber sie erstarrte völlig, war kaum ansprechbar und zeitweilig war sie absent, gefangen im Chaos des Moments. Sie fürchtete sich davor, sich an diesen Moment zu erinnern.

Die Beschreibung der Todesumstände ist *mit den schmerzhaftesten Erinnerungen und Momenten verbunden*, die die Betroffenen unbedingt vermeiden möchten. Eine Konfrontation damit ist allerdings unvermeidlich, wenn diese Gedächtnisprozesse verändert werden sollen. Wie soll therapeutisch mit einem solchen »Hot Spot« umgegangen werden? Es ist unerlässlich, möglichst viele Reaktionen einzubeziehen, also:

- Körperreaktionen (wie z. B. Schwitzen, Herzrasen),
- die auditive und visuelle Wahrnehmung,
- eine Schilderung der Gefühle.

Ob massiv oder gestuft konfrontiert wird, hängt von der Bereitschaft der Patienten ab; Frau F. ließ sich auf die Erinnerung ein, weigerte sich aber, sich auch emotional damit auseinanderzusetzen. Als Therapeut habe ich hier nicht insistiert, ihr aber Aufgaben gegeben, die ebenfalls konfrontativ wirkten.

Aktivierende Techniken zur Exposition

Es gibt viele verschiedene Möglichkeiten, Trauernde mit ihrem Verlust zu konfrontieren, eine Auswahl wird hier aufgeführt:

- *Fotos* oder andere Erinnerungsstücke können nicht nur emotionale Inhalte aktivieren, sondern geben Therapeuten auch die Gelegenheit, inhaltlich auf solche Themen zu fokussieren.
- *Briefe* an den verstorbenen Menschen helfen, Gefühle und Gedanken auszudrücken. Abschiedsbriefe können auch Teil eines Rituals sein, um ein neues Verhältnis zu den verstorbenen Personen zu entwickeln.
- Das Finden von geeigneten *Metaphern*, beispielsweise um den Verlustschmerz bildhaft zu verbalisieren, kann Trauernden helfen, ihre oft als chaotisch erlebten Gedanken und Gefühlszustände fassbar zu machen.
- *Rollenspiele* können vor allem auch eingesetzt werden, um Fähigkeiten zu üben, die den Anforderungen der Umwelt gerecht werden. Damit wird vor allem die Selbstwirksamkeitsüberzeugung gefördert.

- Das *Visualisieren von Erfahrungen* mit der verstorbenen Person unter Entspannung, eventuell kombiniert mit direkter Anrede (Leerer-Stuhl-Technik), kann ein wirksames Mittel sein, um Gefühle zu verbalisieren und neue Perspektiven einzunehmen.

Bei Frau F. kamen bis auf das Rollenspiel alle genannten Techniken zur Anwendung. Als die wichtigste und wirksamste stellte sich der Brief an den verstorbenen Mann heraus. Das Schreiben und schließlich das laute Vorlesen des Briefes in der Therapie kosteten sie über viele Wochen hinweg große Überwindung; es war therapeutisch notwendig, weil sie sich erst dann mit dem Verlust emotional auseinandersetzen konnte. Vorher sagte sie immer: »Ich trauere nicht um mich, sondern um ihn, weil er so früh aus seinem Leben gerissen wurde!« Sie reagierte ungeduldig auf mein wiederholtes Beharren, dass ihr Mann nun ja nicht mehr unter den Lebenden weile, und zwar durch ein ärgerliches: »Ja, ich weiß doch!«, und signalisierte dabei nonverbal deutlich, dass ihr das enorm unangenehm war.

Wie ist ein solcher Brief strukturiert? Folgende Elemente scheinen mir besonders wichtig:

1. Kurze Darstellung des Todes von __ aus Sicht des Patienten.
2. Welches waren die wichtigsten Momente? Hier ist zu beachten, dass Patienten diese Momente nicht als »nostalgisch« verklärte gute Momente mit der verstorbenen Person darstellen, sondern sich auf die Momente *nach* dem Tod konzentrieren.
3. Welche Bedeutung hat der Tod von __ jetzt und in der Zukunft?
4. Wie soll in Zukunft an __ gedacht werden?
5. Welche Lebensziele/Pläne und Wünsche sind da?

Aus der formalen Zusammenstellung dieser Punkte wird ersichtlich, dass ein solcher Brief an die verstorbene Person gerichtet ist, in der Gegenwart, dem Hier und Jetzt. Der Brief teilt der verstorbenen Person den Stand der Dinge, die aktuelle Lebenssituation der hinterbliebenen Person mit. Er lässt keinen Raum für Tagträume und Fantasien, die rückwärtsgerichtet sind. Das Schreiben ist eine verbindliche Form des Abschiednehmens, es lässt sich weniger leicht zurücknehmen als ein flüchtiger Gedanke oder ein

Wort. Ein Brief ist öffentlich, insofern er für andere ebenfalls eine manifeste Form hat, mit einem klaren Inhalt. Die Schwierigkeiten, die Frau F. mit dem Schreiben hatte, sind nachvollziehbar: Nach dem Verfassen des Briefes war es ihr unmöglich geworden, den Tod ihres Mannes nicht mehr als endgültig zu betrachten.

Die Bearbeitung kognitiver Elemente

Ich hatte schon erwähnt, dass die größte kognitive Verzerrung, die sich Frau F. erlaubte, die Fantasie war, ihren Mann mittels religiöser Rituale wieder zurückzuholen. Indem sie ihr jetziges Leben als »Albtraum« deklarierte, aus dem sie eines Tages erwachen würde, schaffte sie die Voraussetzung für eine »Gegenwelt«, in der die Toten nicht wirklich tot sind, die Lebenden aber auch nicht mehr richtig lebendig. Frau F. negierte schlicht die Endgültigkeit des Todes ihres Mannes und des Vaters ihrer gemeinsamen Kinder. Neben dieser fundamentalen Denkstörung gab es eine Anzahl weiterer kognitiver Annahmen, die den Zustand, den sie für Trauer hielt, bestehen ließen.

Typische dysfunktionale Gedanken waren beispielsweise: »*Ich bin keine gute Mutter; alleinerziehend kann ich meinen Söhnen nicht helfen, ihre (männlichen) Probleme zu lösen; ich bin allein auf dieser Welt.*« Auch wenn diese Kognitionen einen Kern Wahrheit enthalten, so ist doch die Verknüpfung von »Ich bin keine gute Mutter« mit »Ich kann meinen Söhnen nicht helfen, ihre Probleme zu lösen« problematisch und nicht korrekt. Solche Verknüpfungen aufzulösen, die Aussagen zu relativieren und gemeinsam herauszufinden, was eine gute Mutter ausmacht, ist Teil dessen, was die kognitive Therapie umfasst.

Eine weitere Gelegenheit, dysfunktionale Gedanken zu verändern, bot sich anhand der Expositionsszene, also dem Augenblick, als Frau F. vom Tode ihres Mannes erfuhr. Es wurde deutlich, dass sich Frau F. massive Vorwürfe machte, weil sie nicht verhindert hatte, dass ihr Mann vor der geplanten Reise ins Ausland mit dem weniger guten Zweitwagen noch schnell ins Geschäft fahren wollte, anstatt das gute Auto zu nehmen. Frau F. erinnert sich, dass sie ihren Mann davon abhalten wollte, diese Fahrt mit dem Zweitwagen zu machen, aber sie hatte schließlich doch nachgegeben.

Sie kann sich das nicht verzeihen, die Schuldgefühle verzehren sie. Sie ist sich sicher, dass ihr Mann im anderen Auto nicht gestorben wäre. Das ist nicht auszuschließen, denn ihr Mann starb daran, dass zerbrochenes Glas seine Halsschlagader durchschnitten hatte. Dennoch sind diese Überzeugungen dysfunktional, denn sie hindern Frau F. daran, sich mit der Gegenwart auseinanderzusetzen. Die Exploration von Schuld- und Schamgefühlen geht in der Praxis einher mit der Veränderung eben dieser Gegenwart. Fragen wie »Wer war für das Ereignis verantwortlich?« oder »Nehmen Sie es sich übel, dass Sie so gehandelt haben?« können solche Denkstrukturen aufdecken und relativieren.

In diesem Zusammenhang ist wichtig zu erwähnen, dass Schuldgefühle nicht zu schnell relativiert werden sollten. Denn dann fühlen sich die meisten Patienten nicht ernst genommen. Zum Beispiel kann nicht negiert werden, dass eine Mutter, die ihre Tochter kurz vor Ladenschluss in die Bäckerei geschickt und zur Eile angehalten hatte, Schuld am Unfalltod ihrer Tochter empfindet. Nicht die Schuld an sich ist hier irrational, sondern die mangelnde Relativierung, dass eben noch andere Faktoren notwendigerweise dazu kommen müssen, damit ein solches Unglück geschehen kann. Es ist für die Betroffenen aber auch wichtig, dass sie jemanden haben, dem sie ihre »geheimsten« Gedanken anvertrauen können und der die empfundene Schuld in ihrer ganzen Größe sehen kann. Erst wenn diese Anerkennung ohne Verurteilung ermöglicht wird, ist die Voraussetzung für die Einnahme einer neuen Perspektive vorhanden.

Fragen wie:

- »Wer war für das Ereignis verantwortlich?«
- »Gibt es Dinge, die Sie übersehen haben, wodurch Ihre Rolle insgesamt negativer scheint als sie tatsächlich ist?«
- »Nehmen Sie es sich übel, dass Sie so gehandelt haben?«
- »Haben Sie etwas aus der Situation gelernt, was Sie vorher nicht entdeckt hätten?«
- »Ist dieses Wissen in anderen Bereichen nützlich?« oder
- »Hat es Sie vielleicht auch positiv verändert?«
  helfen, problematische Kognitionen zu verändern.

Frau F. war sich nicht klar darüber, wie und ob sie ihre eigene Trauer überhaupt mit den Kindern teilen konnte. Sie entschied sich dafür, sie für sich zu behalten, nahm aber andererseits an der Trauer ihrer Kinder teil. Sie hatte Angst davor, dass ihre eigene Trauer die Kinder zu stark verunsichern und sie damit in einem Ausmaß belasten würde, dass diese in der Schule Schwierigkeiten bekämen.

Neben der unbegründeten Angst vor der zu starken Verunsicherung ihrer Kinder wird an diesem Beispiel deutlich, dass der psychoedukative Teil in der Trauerarbeit von hoher Bedeutung ist. Oft geht es dabei um banale Dinge wie den Hinweis, dass regelmäßiges Essen und Schlafen wichtig ist, damit man seinen Aufgaben weiterhin nachkommen kann, oder um Tipps, wie mit Nachbarn umzugehen ist, die das »Machtvakuum« ausnützen und sich breitmachen.

Die Forschung zeigt, dass kompliziert Trauernde im Vergleich zur Kontrollgruppe[107] weniger Kontakt mit anderen Personen haben. Sie nehmen unregelmäßig Mahlzeiten (Frühstück, Mittag- und Abendessen) ein, fangen später an zu arbeiten, gehen seltener nach draußen, halten häufiger Mittagsschlaf und berichten, dass sie beim Fernsehen öfter Snacks verzehren. Ein Tagesplaner, ein klarer Tagesablauf kann helfen, den Alltag wieder zu strukturieren.

Frau F. war sich klar darüber, dass es ihren Kindern helfen würde, wenn sie gemeinsam Bilder von früher betrachteten und sich über Erlebnisse mit dem Vater austauschten. Für sie war das Anschauen der Bilder eine Reinstallation des früheren intakten Familienlebens; den Kindern war aber offensichtlich klar, dass die Realität sich verändert hatte und ihnen hat das Betrachten der Familienfotos geholfen, den Verlust zu integrieren. Den Kindern ging es, verglichen mit der Mutter, sehr gut, und sie waren sowohl in der Schule als auch bei sportlichen Aktivitäten hochwillkommene Spielpartner und Clubmitglieder. In vielen anderen Familien sieht es diesbezüglich weniger gut aus. Oft werden Verstorbene aus den Gesprächen bewusst ausgeschlossen, um ja keine Gefühle aufkommen zu lassen, oder Familienmitgliedern wird vorgeworfen, nicht »richtig« zu trauern.

---

107 nach Monk, Houck & Shear, 2006

Fragen wie:

- »In welcher Form finden Gespräche innerhalb der Familie, Partnerschaft, im Freundeskreis heute statt?«
- »In welcher Form gebe ich meinem Kind/Partner Unterstützung?«
- »Verschließe ich mich gegenüber meinem Partner/Freunden?«
- »Wie fühlt es sich an, Freunde zu treffen? Bedeutet dies, dass ich mein Kind oder meinen Mann ... vergesse oder untreu werde?«
- »Finden innerhalb der Familie Rituale statt?«

helfen, problematische oder konfliktreiche Situation frühzeitig zu entdecken und zu verändern. Mit Konflikten sind auch innere Konflikte gemeint. Ich hatte schon erwähnt, dass Frau F. sich ihrem Mann auch nach dem Tod stark verbunden und sich ihm gegenüber nach wie vor zur ehelichen Treue verpflichtet fühlte. Andere Männer (den Freund ihres Mannes und mich als Therapeuten eingeschlossen) wurden darum bedrohlich, zugleich aber auch attraktiv.

Dieser motivationale Konflikt hatte seine Ursache in der Weigerung von Frau F., den Tod ihres Mannes zu akzeptieren. Damit ist nicht gemeint, dass sie die Tatsache geleugnet hätte, dass ihr Mann durch einen Unfall ums Leben gekommen war. Die Weigerung bestand in der Ablehnung des Lebens, wie es sich ihr nach dem Tode darstellte. Dadurch konnte Frau F. in sich die Überzeugung nähren, dass der Tod nichts Unwiderrufliches sei. Sie könnte ja aus diesem Leben erwachen, und alles wäre wie vorher, der Albtraum vorbei. Diese Gedanken sind insofern suizidal, als sich Frau F. nichts Besseres hätte vorstellen können, als ihrem Mann in den Tod nachzueilen, um wieder mit ihm vereint zu sein. Mehrere Dinge hielten sie davon ab: die religiöse Vorstellung, dass Suizid eine Sünde ist, die Furcht, selbst ihr Mann könne eine solche Tat nicht begreifen, und die Kinder, denen sie jetzt mehr als eine Mutter sein musste. Dennoch tat Frau F. vieles, sich eher dem Tode als dem Leben hinzugeben. Schon Kierkegaard hat die Depression als »Krankheit zum Tode«[108] begriffen. Frau F. wollte definitiv nicht unter den Voraussetzungen leben, wie sie der Tod ihres Mannes geschaffen hatte: Sie weigerte sich, ihre eigenen Bedürfnisse wahrzuneh-

---

108 Kierkegeaard, 1969; Originalausgabe von 1849

men, und plante, nur solange zu leben, bis ihre Kinder selbstständig genug wären, um auf eigenen Beinen zu stehen. Die Widersprüche, in die sie sich bei diesem Thema ständig verwickelte, waren Teil des inneren Konfliktes, der sie seelisch zermürbte.

Das therapeutische Vorgehen verlangt beim Bestehen eines großen motivationalen Konflikts ein differenziertes und vom klassischen Traumaparadigma abweichendes Vorgehen.

Wie die eingangs erwähnten Probleme bei der Umsetzung der Trauerexposition deutlich zeigen, gelingt eine solche Intervention erst, wenn die motivationalen Konflikte soweit gelöst sind, als sie dem therapeutischen Plan nicht diametral entgegengesetzt sind. Frau F. war erst in der Lage, sich auf die Trauerexposition einzulassen, als sie erkannte, dass selbst ihr verstorbener Mann ihren Willen nicht mehr nachvollziehen kann. Die Traumfolge – die Begegnungen mit ihrem Mann auf der Wiese – kulminierte darin, dass sich ihr Mann nicht nur wortlos verhielt, sondern sich mit der Zeit abwandte und davonging. Sie musste also loslassen, das war ihre eigene Interpretation. Erst als sie dazu bereit war, war der motivationale Konflikt so weit gelöst, dass sie sich der Trauerexposition zuwenden konnte. Aber der Konflikt bestand weiterhin, obgleich auf einer weniger existenziellen Ebene.

Frau F. weigerte sich, am Abend mit Kolleginnen auszugehen; sie vermied soziale Ereignisse, bei denen sie neue Bekanntschaften hätte knüpfen können. Andererseits bekannte sie sich dazu, Kontaktanzeigen in den Zeitungen zu lesen, und sie war auch stets attraktiv (wenn auch in Schwarz) gekleidet, sorgfältig geschminkt und frisiert. Frau F. war sich dieses Verhaltens teilweise bewusst; es war ihr klar, dass sie die Liebe, die sie gegenüber ihrem Mann empfand, nicht aufgeben wollte, und einen »Ersatz« für ihre körperlichen Bedürfnisse lehnte sie vehement ab. Aber diese gab es, und sie wehrte sich mit einem problematischen Mittel dagegen: Sie stilisierte ihren verstorbenen Mann zur Ikone, sie idealisierte ihn, wo es nur ging, und betonte immer wieder die »übermenschlichen« Fähigkeiten und Attribute ihres Gatten. Anders formuliert: Frau F. musste, wenn sie ihrem Mann treu bleiben wollte, an ihrer Trauer festhalten. Treue bis über den Tod hinaus war ihr eine Tugend, und die wollte sie sich bewahren.

Trauer erfüllt hier die Funktion, die eigenen Bedürfnisse zu kontrollieren. Sie steht damit in einer angenommenen Weltordnung, der religiös

5. Vorlesung Techniken, Fallkonzeption und Fazit

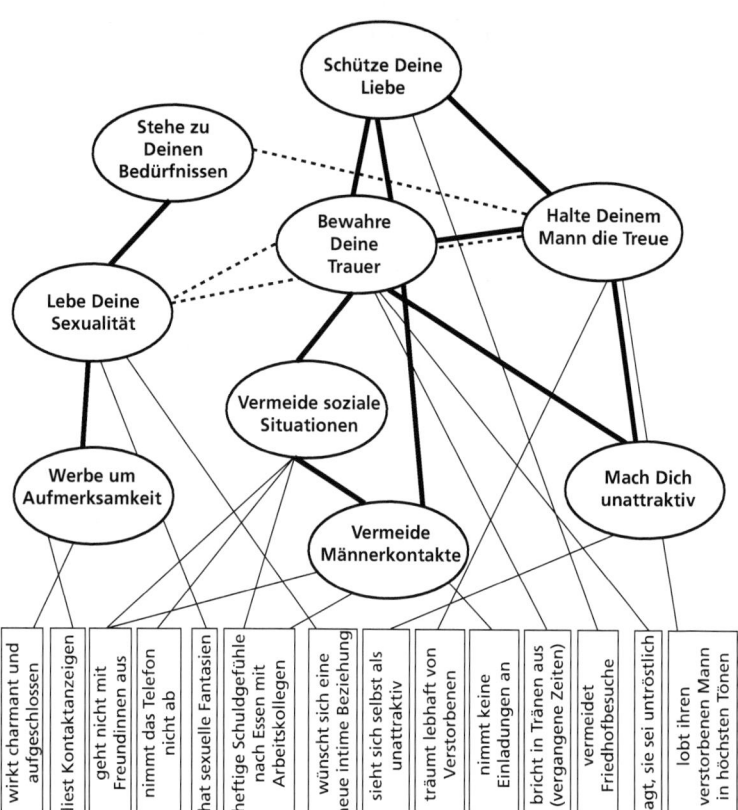

Abb. 17: Eine Planstruktur von Frau F. zur Verdeutlichung des motivationalen Konfliktes (aus Znoj, 2016, S. 55). Das übergeordnete Ziel »Schütze Deine Liebe« motiviert untergeordnete Ziele und Pläne, die helfen, dieses Hauptziel gegenüber »Anfeindungen« alternativer Bedürfnisse und Motive zu verteidigen. Ein solches »schlechtes« Motiv ist das Bedürfnis nach Intimität und Sexualität. Die Unterdrückung dieses Motivs gelingt am besten, wenn an der Trauer festgehalten wird.

motivierten Überzeugung, dass Treue an sich einen hohen moralischer Wert darstellt. Um ihre Liebe und Treue zu schützen, musste Frau F. aktiv trauern. Die anhaltende Trauer hat die instrumentelle Funktion, ihre

Prinzipien und Vorstellungen aufrechtzuerhalten und sie selbst zu kontrollieren.

Eine Plananalyse kann helfen, diesen Konflikt deutlich zu machen. In der Plananalyse geht man von realem beobachtbaren Verhalten aus und fragt sich, welchen Zielen und Motiven ein spezifisches Verhalten instrumentell zugeordnet ist. Eine Planstruktur von Frau F. ist in Abbildung 17 zu sehen.

In der Therapie von Frau F. war die Intervention des Briefschreibens hochwirksam. Den Brief an ihren Mann musste sie an »verstorben« adressieren und in ihm aus ihrem aktuellen Leben berichten. Die Voraussetzungen und die therapeutische Arbeit, bis Frau F. diese Aufgabe ausführen konnte, waren allerdings aufwendig und beinhalteten viele spannende Auseinandersetzungen. Die therapeutische Arbeit war insofern auch für mich als Therapeut mit Trauer und Desillusion verbunden, weil sich Frau F. von der immer noch gehegten Illusion trennen musste, dass sie von diesem Albtraum erlöst werden würde und dass sie wieder in ihr früheres Leben zurückkehren könnte.

Schlussgedanken

Trauerarbeit ist immer auch eine Arbeit mit Gefühlen. Zu Recht könnte man sie als »emotionsfokussierte« Therapie bezeichnen, weil die Aufarbeitung eines Verlustes neben vielen rein praktischen Anpassungsleistungen notwendigerweise auch die Auseinandersetzung mit aufkommenden Emotionen beinhaltet. Ein vertieftes Verständnis vom Trauern, von den Voraussetzungen und Vorstellungen des Trauerns ist die Voraussetzung für therapeutisches Handeln. Die Themen der fünf Vorlesungen stellen jedoch nur eine engere Auswahl dar: Zu kurz gekommen sind kulturelle Einflüsse und soziale Faktoren der Trauer. Auch nicht eingegangen wurde auf Verluste, die nicht mit Tod und Sterben zusammenhängen. Trennungen aller Art können zu Trauerreaktionen führen, der Tod von Haustieren kann tiefe Verzweiflung auslösen; Abstriche bei den eigenen Fähigkeiten wie

z. B. Sinnesverluste oder eine Einschränkung des Denkvermögens können ähnliche Reaktionen hervorrufen. Und es gibt die abstrakten Formen der Trauer, wenn wir etwa um Menschen trauern, die wir gar nicht persönlich kennen (wie Lady Diana), oder übernommene Trauer, wenn wir ein entsprechendes Buch lesen oder einen Film sehen. Diese Phänomene unterliegen jedoch ähnlichen, wenn nicht sogar denselben Prinzipien. Die Bindungsfähigkeit des Menschen und ihm artverwandten Tieren erlaubt es, die körperlichen Grenzen auf andere Menschen und Gegenstände auszudehnen. Diese werden »eins« mit dem als »Selbst« wahrgenommenen Organismus. Menschen und Gegenstände stellen eine subjektive Welt der Zugehörigkeit dar. Die Verletzung, die aus der Negation der Wahrnehmungserwartung kommt, löst eine Reaktion aus, die idealtypisch einen Ablauf hat: a) die Verleugnung oder besser das Unvermögen, die Information zu verarbeiten, b) die einsetzende Verzweiflung und das aktive Ankämpfen gegen diese Information (oft als »Suche« bezeichnet) und c) die allmähliche Anpassung an die Realität. Diesen Ablauf findet man auch bei Menschen, die eine bleibende Behinderung erlitten haben, wie z. B. eine Querschnittslähmung. Mir ist es aber genauso ergangen, als ich um ein Motorrad bestohlen wurde: nicht wahrhaben wollen, suchen, aufgeben. Man muss sich allerdings vor Augen halten, dass dieser Ablauf empirisch nicht festzustellen ist: In der realen Auseinandersetzung mit Verlusten gibt es keine »idealen« Abläufe. Die »Phasen« wechseln sich ohne Zwang zur Reihenfolge ab und äußern sich in einer Vielzahl von Verhaltensweisen, die jeweils von Person, Umwelt und Wechselwirkung dieser beiden Faktoren abhängig sind. Sie werden also besser als »Zustände« (mental states) beschrieben.

Weil in letzter Zeit eine internationale Debatte um die Diagnose »komplizierte« oder anhaltende komplexe Trauerreaktion geführt wurde, legte ich das Schwergewicht der Vorlesungsreihe auf die Frage: »Was macht Trauer zur Krankheit?« Damit möchte ich aber auf keinen Fall den Eindruck erwecken, dass ich die Trauer um einen geliebten Menschen als Störung verstehe, die das »normale« Funktionieren beeinträchtigt. Allerdings halte ich die Trauer per se auch nicht für einen sinnstiftenden Zustand; zwar ist belegt, dass viele Trauernde die Erfahrung machen, dass sie viele Dinge anders werten als früher, dass sie Tätigkeiten und Begegnungen mit anderen Menschen wichtiger nehmen und dass sie sich vielleicht auch als Person kompletter oder als an Erfahrungen gereifter wahrnehmen. Aber Verluste sind hart und manchmal auch bitter; sie hinterlassen nicht nur positive Spuren, sondern verursachen in vielen Fällen maßloses Leid, haben zerstörte Lebensziele zur Folge und führen nicht selten zu Brüchen im sozialen Netzwerk oder zu ökonomischen Härtefällen. Verluste verlangen von Betroffenen, dass sie sich der neuen Realität stellen und lernen, damit umzugehen. Dies erfordert sowohl persönliche Ressourcen als auch unterstützende Systeme, die von weiteren Angehörigen und von gesellschaftlichen Strukturen zur Verfügung gestellt werden. Trauer ist keine Krankheit.

Vielleicht stört sich mancher Leser an den datengestützten Studien, die ich zitiere, teilweise zusammenfasse und deren Ergebnisse ich manchmal in tabellarischer Form wiedergegeben habe. Es war nicht meine Absicht, Leser abzuschrecken. Tabellen und Zahlen lassen sich »überlesen«, man braucht sich nicht damit aufzuhalten. Die Zahlen sollen aber deutlich machen, dass wir als Forscher und Therapeuten noch wenig Handlungswissen zur Verfügung haben; zwar verstehen wir die »Mechanismen« der Trauer recht gut, aber wir haben noch kein gutes Rezept dafür, wie wir die Trauer »leichter« machen können. Genau darum geht es aber: Die Trauer soll leicht werden, sie soll sich in Heiterkeit auflösen und nicht in Gram vertiefen. Das ist das Fazit vieler Forscher, und die Belege für diese Befunde sind dafür stärker als was oft – fälschlicherweise – als Trauerarbeit verstanden wird, nämlich, der Trauer, dem Schmerz einen Ausdruck zu geben. Zu leicht verliert man sich im Schmerz.

Wie ein therapeutisches Vorgehen in der Praxis aussehen kann, habe ich am Fall der Frau F. zu zeigen versucht. Zu wenig kommt im Bericht aber zum Tragen, mit wie viel Humor und teilweise »Leichtigkeit« die harte Auseinandersetzung um die Wirklichkeit des Todes geführt wurde. Diese Leichtigkeit war es aber, die es Frau F. ermöglichte, von ihren Todessehnsüchten zu lassen und das Leben mit neuem Mut anzupacken. Ich hoffe, dass ich dazu ein wenig beigetragen habe.

Literatur

Allport GW & Ross JM (1967) Personal religious orientation and prejudice. Journal of Personality and Social Psychology 5, 432–443

Allumbaugh DL & Hoyt WT (1999) Effectiveness of grief therapy: A meta-analysis. Journal of Counseling Psychology, 46(3), 370–380

American Psychiatric Association (2000) Diagnostic and statistical manual of mental disorders (DSM IV, 4th ed., text rev.). Washington, DC, Author

Archer J (2001) Grief from an evolutionary perspective. In MS Stroebe, RO Hannson, W Stroebe & HA Schut (Eds) Handbook of bereavement research. Washington, DC, American Psychological Association

Barlow D (1988) Anxiety and its disorders: The nature and treatment of anxiety and panic. New York, Guilford

Bowlby J (1980) Attachment and loss. Loss, sadness and depression (Vol. 3). New York, Basic Books

Bonanno GA & Kaltman S (1999) Toward an integrative perspective on bereavement. Psychological Bulletin, 125(6), 760–776

Bonanno GA & Keltner D (1997) Facial expressions of emotion and the course of conjugal bereavement. Journal of Abnormal Psychology, 106, 126–137

Bonanno GA, Keltner D, Holen A & Horowitz MJ (1995) When avoiding unpleasant emotions might not be such a bad thing: Verbal-autonomic response dissociation and midlife conjugal bereavement. Journal of Personality and Social Psychology, 69, 975–990

Bonanno GA, Znoj HJ, Siddique S & Horowitz M (1999) Verbal-autonomic dissociation and adaption to midlife conjugal loss: A follow-up at 25 months. Cognitive Therapy & Research, 23(6), 605–624

Calhoun LG, Cann A, Tedeschi RG & McMillan J (2000) A correlational test of the relationship between posttraumatic growth, religion, and cognitive processing. Journal of Traumatic Stress, 13(3), 521–527

Carnelley KB, Wortman CB, Bolger N & Burke CT (2006) The time course of grief reactions to spousal loss: Evidence from a national probability sample. Journal of Personality and Social Psychology, 91(3), 476–492

Caspar F (1989) Beziehungen und Probleme verstehen. Eine Einführung in die psychotherapeutische Plananalyse. Bern, Verlag Hans Huber

Cleiren MP, Diekstra RF, Kerhof AJ & van der Wal J (1994) Mode of death and kinship in bereavement: Focusing on »Who« rather than »How«. Crisis, 15(1), 22–36

Currier JM, Neimeyer RA & Berman JS (2008) The effectiveness of psychotherapeutic interventions for bereaved persons: A comprehensive quantitative review. Psychological Bulletin, 134(5), 648–661

Darwin C (1872; 1890) The expression of the emotions in man and animals. London, Appleton

Ehlers A & Clark DM (2000) A cognitive model of posttraumatic stress disorder. Behaviour Research and Therapy, 38, 319–345

Ekman P (1994) Strong evidence for universals in facial expressions: A reply to Russell's mistaken critique. Psychological Bulletin, 115(2), 268–287

Ennis J & Majid U (2021) »Death from a broken heart«: A systematic review of the relationship between spousal bereavement and physical and physiological health outcomes. Death Studies, 45(7), 538–551

Faschingbauer TR (1981) Texas revised inventory of grief manual. Houston, Honeycomb Publishing

Folkman S (2001) Revised coping theory and the process of bereavement. In MS Stroebe, RO Hannson, W Stroebe & HA Schut (Eds) Handbook of bereavement research (pp. 563–584). Washington, DC, American Psychological Association

Freud S (1917) Trauer und Melancholie. Int. Z. ärztl. Psychoanal, 4(6), 288–301

Grawe K (1998). Psychologische Therapie. Göttingen, Hogrefe

Gross JJ & Levenson RW (1997). Hiding feelings: The acute effects of inhibiting negative and positive emotion. Journal of Abnormal Psychology, 106(1), 95–103

Hall M & Irwin M (2001) Physiological indices of functioning in bereavement. In MS Stroebe, RO Hannson, W Stroebe & HA Schut (Eds) Handbook of bereavement research (pp. 473–492). Washington, DC, American Psychological Association

Horowitz MJ (1986) Stress response syndromes (2nd ed.). New York, Aronson

Horowitz MJ, Marmar C, Weiss DS, DeWitt KN & Rosenbaum R (1984) Brief psychotherapy of bereavement reactions. The relationship of process to outcome. Archives of General Psychiatry, 41(5), 438–448

Horowitz MJ, Siegel B, Holen A & Bonanno GA (1997) Diagnostic criteria for complicated grief disorder. American Journal of Psychiatry, 154(7), 904–910

Jacobs S (1999) Traumatic grief. Diagnosis, treatment, and prevention. Philadelphia, PA; London, Brunner/Mazel

Janoff-Bulman R (1985) The aftermath of victimization: Rebuilding shattered assumptions. In CR Figley (Ed) Trauma and its wake (pp. 15–35). New York: Brunner/Mazel

Janoff-Bulman R (1989) Assumptive worlds and the stress of traumatic events: Applications of the schema construct. Special Issue: Stress, coping, and social cognition. Social Cognition, 7(2), 113–136

Johannsen M, Damholdt MF, Zachariae R, Lundorff M, Farver-Vestergaard I & O'Connor M (2019) Psychological interventions for grief in adults: A systematic review and meta-analysis of randomized controlled trials. Journal of Affective Disorder, 253(6), 69–86

Kato PM & Mann T (1999) A synthesis of psychological interventions for the bereaved. Clinical Psychology Review, 19(3), 275–296

Kersting A, Brähler E, Glaesmer H & Wagner B (2011) Prevalence of complicated grief in a representative population-based sample. Journal of Affective Disorders, 131, 339–343

Kierkegaard S (1849; 1969) Die Krankheit zum Tode. Hamburg, Rowohlt

Kleber RJ & Brom D (1987). Psychotherapy and pathological grief: Controlled outcome study. Israel Journal of Psychiatry & Related Sciences, 24(1–2), 99–109

Kübler-Ross E (1969) On death and dying. New York, Springer

Lindemann E (1944) Symptomatology and management of acute grief. American Journal of Psychiatry, 101, 141–148

Maercker A (1997) Posttraumatische Belastungsstörungen: Psychologie der Extrembelastungsfolgen bei Opfern von politischer Gewalt. Unveröffentlichte Habilitation, Technische Universität Dresden, Dresden.

Maercker A (2022) Posttraumatische Belastungsstörungen. In M Linden & M Hautzinger (Eds.) Verhaltenstherapiemanual – Erwachsene (9. Auflage, S. 555–563). Berlin, Heidelberg, Springer

Maercker A, Forstmeier S, Enzler A, Krüsi G, Hörler E, Maier C et al. (2008) Adjustment disorders, posttraumatic stress disorder, and depressive disorders in old age: Findings from a community survey. Comprehensive Psychiatry, 49, 113–120

Maercker A & Znoj HJ (2010) The younger sibling of PTSD: Similarities and differences between complicated grief and posttraumatic stress disorder. European Journal of Psychotraumatology, 1, 5558, 1–9

Mawson D, Marks IM, Ramm L & Stern RS (1981) Guided mourning for morbid grief: A controlled study. British Journal of Psychiatry, 138, 185–193

McKinney WT (1986) Primate separation studies: Relevance to bereavement. Psychiatric Annals, 16(5), 281–287

Monk TH, Houck PR & Shear MK (2006) The daily life of complicated grief patients – what gets missed, what gets added? Death Studies, 30(1), 77–85

Neimeyer RA (2000) Searching for the meaning of meaning: Grief therapy and the process of reconstruction. Death Studies, 24, 541–558

Pargament KI (1997) The psychology of religion and coping. Theory, research, practice. New York, Guilford

Pargament KI & Park C (1995) Merely a defense? The variety of religious means and ends. Journal of Social Issues, 51(2), 13–32

Parisi A, Sharma A, Howard MO & Wilson AB (2019) The relationship between substance misuse and complicated grief: A systematic review. Journal of Substance Abuse Treatment, 103(8), 43–57

Persaud R (2005, 4. Juni) Grief counselling a waste of time, say psychologists. The Daily Telegraph

Piper WE, Ogrodniczuk JS, Azim HF & Weideman R (2001) Prevalence of loss and complicated grief among psychiatric outpatients. Psychiatric Services, 52(8), 1069–1074

Plaschy A (1999) Sinnvolle Neuorientierung und persönliches Wachstum nach dem Verlust eines Kindes. Bern, Edition Soziothek

Platt LA & Persico VR (1992) Grief in cross-cultural perspective: a casebook. New York. Garland Pub

Prigerson HG & Jacobs SC (2001) Traumatic grief as a distinct disorder: A rationale consensus criteria, and a preliminary empirical test. In MS Stroebe, RO Hannson, W Stroebe & HA Schut (Eds) Handbook of bereavement research (pp. 613–645). Washington, DC, American Psychological Association

Raphael B, Minkov C & Dobson M (2001) Psychotherapeutic and pharmacological intervention for bereaved persons. In MS Stroebe, RO Hannson, W Stroebe & HA Schut (Eds) Handbook of bereavement research (pp. 587–612). Washington, DC, American Psychological Asssociation

Richardson J (1991) A life of Picasso, Volume I: 1881–1906. New York, Random House

Rosner R, Pfoh G, Rojas R, Brandstätter M, Rossi R, Lumbeck G, Kotoucova M, Hagl M & Geissner E (2015) Anhaltende Trauerstörung. Manuale für die Einzel- und Gruppentherapie [Manual].Göttingen, Hogrefe.

Scherer KR & Tannenbaum PH (1986) Emotional experiences in everyday life: A survey approach. Motivation and Emotion, 10(4), 295–314

Scherer K & Wallbott HG (1994) Evidence for Universality and Cultural Variation of Differential Emotions Response Patterning. Journal of Personality and Social Psychology, 66(2), 310–328

Schut HA, Stroebe MS, van den Bout J & Terheggen M (2001) The efficacy of bereavement interventions: Determining who benefits. In MS Stroebe, RO Hannson, W Stroebe & HA Schut (Eds) Handbook of bereavement research (pp. 705–738). Washington, DC, American Psychological Association

Shear MK, Frank E, Houck PR & Reynolds CF (2005) Treatment of Complicated Grief. A Randomized Controlled Trial. JAMA, 293(21), 2601–2608

Simon NM, Shear KM, Thompson EH, Zalta AK, Permaln C, Reynolds CF et al. (2007) The prevalence and correlates of psychiatric comorbidity in individuals with complicated grief. Comprehensive Psychiatry, 48, 395–399

Sireling L, Cohen D & Marks I (1988) Guided mourning for morbid grief: A controlled replication. Behavior Therapy, 19, 121–132

Stroebe MS, Gergen MM, Gergen KJ & Stroebe W (1992) Broken Hearts or Broken Bonds. Love and death in historical perspective. American Psychologist, 47(10), 1205–1212

Stroebe MS, Hannson RO, Stroebe W & Schut H (Eds) (2001) Handbook of bereavement research. Consequences, coping, and care (1ˢᵗ ed.). Washington, DC, American Psychological Assosciation

Stroebe MS & Schut HA (1999) The dual process model of coping with bereavement: Rationale and description. Death Studies, 23, 197–224

Stroebe M, Schut H & Stroebe W (2007) Health outcomes of bereavement. Lancet, 370, 1960–1973

Wegner DM, Erber R & Zanakos S (1993) Ironic processes in the mental control of mood and mood-related thought. Journal of Personality and Social Psychology, 65, 1093–1104

Williams DG & Morris GH (1996) Crying, weeping or tearfulness in British and Israeli adults. British Journal of Psychology, 87, 479–505

Worden JW (2010) Beratung und Therapie in Trauerfällen. Bern, Huber

World Health Organisation (2006) The tenth revision of the International Classification of diseases and related health problems (ICD-10). Genf, WHO

Wortman CB & Silver RC (1989) The myths of coping with loss. Journal of Consulting and Clinical Psychology, 57, 349–357

Wortman CB & Silver RC (2001) The myths of coping with loss revisited. In MS Strobe, RO Hannson, W Stroebe & H Schut (Eds) Handbook of bereavemt research (pp. 405–430). Washington, DC, American Psychological Association

Zeidner M & Endler NS (Eds) (1996) Handbook of Coping: Theory, research, applications. New York, Wiley

Zisook S & Schuchter SR (1985) Time course of spousal bereavement. General Hospital Psychiatry, 7, 95–100

Znoj HJ (1997) When remembering the lost spouse hurts too much: First results with a newly developed observer measure for tears and crying related coping behavior. In A Vingerhoets, F vanBussel & J Boelhouwer (Eds) The (non) expression of emotions in health and disease (pp. 337–352). Tilburg, University Press

Znoj HJ (2016) Komplizierte Trauer. Leitfaden für Therapeuten (2., überarbeitet Auflage). Göttingen, Hogrefe

Znoj HJ (2006) Bereavement and posttraumatic growth. In L Calhoun & R Tedeschi (Eds) The handbook of posttraumatic growth: Research and practice (pp. 176–196). Mahwah, NJ, Lawrence Erlbaum

Znoj HJ (2008) Texas-Revised Inventory of Grief: Validierung der deutschen Version TRIG-D (Texas-Revised Inventory of Grief: Validation of the German version TRIG-D). Psychosomatik und Konsiliarpsychiatrie (4), 236–239

Znoj HJ & Keller D (2002) Mourning parents: Considering safeguards and their relation to health. Death Studies, 26(7), 545–565

Znoj HJ & Maercker A (2005) Trauerarbeit und Therapie der komplizierten Trauer. In M Linden & M Hautzinger (Hrsg) Verhaltenstherapiemanual (Vol. 5. Auflage, S. 401–406). Berlin, Springer

Znoj HJ, Morgenthaler C & Zwingmann C (2004) Mehr als nur Bewältigen? Religiosität, Stressreaktionen und Coping bei elterlicher Depression nach dem Verlust eines Kindes. In C Zwingmann & H Moosbrugger (Hrsg), Religiosität: Messverfahren und Studien zu Gesundheit und Lebensqualität. Neue Beiträge zur Religionspsychologie. (S. 277–298). Münster, Waxmann

Stichwortverzeichnis

A

Adaption 31, 46, 55, 61
Affekt 46, 67

B

Bedeutung
– positive 39
Bewältigung 19, 28, 29, 34, 36, 52, 58, 73, 88
Bindung 19, 20, 25, 41, 73, 92, 98
Bindungsperson 20, 26, 51, 75

C

cargo de las animas 12
Coping 47, 50, 53, 54, 90, 95
Copingmodell 28, 98

D

Depression 9, 20, 26, 34, 47, 53, 54, 59, 63, 67, 84, 89, 110
Desensibilisierung 78, 82
display rules 13
duales Prozessmodell 29, 31, 55, 96
Durcharbeiten 30, 36, 98

E

Effektstärke 78–82
Emotionen
– positive 29, 35, 40, 55, 96–98
Emotionsregulation 14, 47, 50, 61
Entwicklungen
– psychopathologische 25, 51
Erinnerungen 29, 32, 45, 64, 92, 94, 104, 105
Erinnerungsrituale 86

F

Fallverständnis 99

G

Gedächtnis
– autobiographisches 61, 101
– biographisches 104
– kollektives 12
Gedächtnisprozesse 104, 105
Gefühle
– positive *siehe* Emotionen
Gefühlsregulation *siehe* Emotionsregulation

123

Stichwortverzeichnis

H

halluzinatorische Wunschpsychose 19

I

Immunsystem 21
Inkongruenz 23, 28, 84
Inkonsistenz 25, 27, 95, 99
Intrusionen 60, 61, 64, 65, 67, 73, 82, 101

K

kognitiv-verhaltenstherapeutisch 83, 101
Komorbidität 26, 59, 68, 69, 72, 73, 83
Konfrontation 36, 37, 86, 94, 100, 102, 103, 105
Konsistenz 25
Konsistenztheorie 23
kulturrelativistische Auffassung 11

L

Libido 19, 37

M

Mechanismus
- biologischer 21

Melancholie 8, 15, 19, 58, 89
Meta-Analyse 76–79
Mythen 33, 40

N

Neurotransmitter 21

P

Panikattacken 26, 84, 86
Phasen 19, 44, 72, 95, 114
Prozessmodell
- duales 29, 31, 55, 96
- kognitiv-verhaltenstherapeutisches 101

psychopathologische Entwicklungen 25, 51
Psychotraumatologie 38

R

Reaktion
- emotionale 13, 40, 72, 86, 88, 99
- körperliche 32, 47, 72, 104, 105

Religion 18, 52, 53, 99
Ressourcen 47, 50, 88, 99
Risikofaktor 31, 49, 55, 58, 88
Rituale 86, 97, 110
- gesellschaftliche 12, 33

Rumination 31, 55

S

Schemata
- motivationale 23

Schmerz 15, 17, 32, 36, 39, 45, 72, 73, 86, 91, 96, 100
Schuld 16, 17, 41, 57, 83, 108
Spiritualität 52
Stressor 26, 27, 51
Suizid 15, 41, 47, 50, 80, 110

T

Trauer
- komplizierte 28, 43, 45, 58, 59, 61, 64, 91, 101, 114
- prolongierte 114

Stichwortverzeichnis

– verspätete 36
Traumatisierung 16, 101

V

Verbitterung 29, 56
Verhaltenstherapie 23, 85
Verzerrung
– kognitive 107
Verzweiflung 11, 15, 17, 34, 36, 59, 104, 113, 114

Vorgänge
– implizite 104
Vulnerabilität 52, 69

W

Weinen 11, 13, 33, 40, 42, 43, 72, 75
Wunschpsychose
– halluzinatorische 19

Personenverzeichnis

A

Allport, Gordon W. 53
Archer, John 41

B

Barlow, David 31
Bonanno, George A. 36
Bowlby, John 20, 51

C

Calhoun, Lawrence G. 55
Caspar, Franz 100
Currier, Joseph M. 79

D

Darwin, Charles 11, 41

E

Ehlers, Anke 101
Ekman, Paul 13
Endler, Norman S. 28

F

Faschingbauer, Thomas R. 68
Folkman, Susan 29
Freud, Sigmund 9, 18, 36, 37, 58

G

Grawe, Klaus 23, 95
Gross, James J. 39

H

Horowitz, Mardi J. 31, 43, 58, 59, 63–65, 69, 81, 98

J

Jacobs, Selby 63, 65, 68, 69
Janoff-Bulman, Ronnie 26, 38, 55

K

Keller, Dominique 51
Kübler-Ross, Elisabeth 19

L

Lindemann, Eric 57

M

Maercker, Andreas   58, 60, 67
Morgenthaler, Christoph   54

N

Neimeyer, Robert A.   79, 81, 82

P

Pargament, Kenneth   7, 53, 54
Park, Colin M.   54
Prigerson, Holly G.   65, 68

R

Raphael, Beverly   76

S

Scherer, Klaus   11, 13
Schut, Henk   29, 63, 80, 96
Shear, Katherine M.   109
Simon, Naomi M.   26, 59, 68, 83
Stroebe, Margaret S.   28, 29, 63, 96

T

Tedeschi, Richard   31, 55

W

Wegner, Daniel M.   30
Worden, James W.   82, 91
Wortman, Camille B.   34, 36

Z

Zeidner, Moshe   28
Zwingmann, Christian   54